LES

LES OPISTHOBRANCHES

ET

LES HÉTÉROBRANCHES

TESTACÉS

DES MERS D'EUROPE

PAR

…NOULD LOCARD

LYON

LES OPISTHOBRANCHES

ET

LES HÉTÉROBRANCHES

TESTACÉS

DES MERS D'EUROPE

PAR

ARNOULD LOCARD

LYON
A. REY ET Cie, IMPRIMEURS-ÉDITEURS
4, RUE GENTIL, 4

1905

LES
OPISTHOBRANCHES ET LES HÉTÉROBRANCHES
TESTACÉS
DES MERS D'EUROPE

Les mollusques opisthobranches sont représentés dans les mers d'Europe par un grand nombre de formes, de taille et d'allure parfois fort différentes. Beaucoup sont déjà bien connus ; mais, à la suite des dragages exécutés depuis plusieurs années en vue d'explorer le fond des mers, on a signalé de nombreuses formes nouvelles qu'il importait de classer définitivement à leur place respective dans la grande échelle malacologique. Enfin, plusieurs formes, même parmi les plus connues, ont parfois une synonymie assez complexe, et ont été ballottées tour à tour dans plusieurs genres différents. Nous avons pensé qu'il serait intéressant de donner une étude d'ensemble sur ce grand groupe de mollusques.

Dans ce travail, nous ne nous occuperons que des mollusques testacés proprement dits, pour n'en étudier que la coquille. Nous laisserons donc de côté tous ceux qui, à l'état adulte, sont privés de cette coquille, comme les Nudibranches, et parmi les Tectibranches ceux qui n'ont qu'une coquille interne plus ou moins rudimentaire comme les *Gastropteridæ*, *Doriidæ*, *Aplysiidæ*, *Pleurobranchidæ* et *Runcinidæ*.

Plusieurs modes de classification ont été proposés pour les mollusques opisthobranches testacés que nous aurons à examiner. Procédant du simple au composé, nous prendrons pour point de départ les mollusques ayant une coquille non enroulée et externe, susceptible simplement de protéger l'animal, comme celle des *Umbrellidæ*, puis celles qui présentent un enroulement rudimentaire, interne ou externe, mais dont les dimensions sont insuffisantes pour loger l'animal, comme les *Oxynoeidæ* et les *Philinidæ*. Nous passerons ensuite à celles dont l'enroulement un peu plus complet peut entièrement loger l'animal, comme les *Scaphandridæ*, les *Bullidæ* et les *Cylichnidæ*. Nous terminerons par ceux dont la coquille est entièrement enroulée, comme celle de la plupart des Gastropodes, c'est-à-dire les *Actæonidæ* et les *Rinyiculidæ*.

On peut rencontrer des Opisthobranches dans toutes les mers d'Europe, vivant à des profondeurs très variables, souvent rejetés sur les rivages avec les sables de la plage. Leur taille est très variable sans être jamais bien grande ; les petites formes semblent au contraire dominer. Ils vivent en colonies le plus souvent peu populeuses. Plusieurs ont une extension géographique considérable, s'étendant du nord au sud.

Nous avons groupé à la suite des Opisthobranches les quelques Hétéropodes qui vivent dans nos mers. Ils ne comprennent que deux familles seulement, les *Carinariidæ* à coquille cupuliforme et les *Atlantidæ* à coquille spirale discoïde, plus ou moins nautiliforme.

Nos descriptions, dans chaque genre et surtout dans chaque groupe sont toutes comparatives, et, dès lors, tablées sur un même plan, permettant d'arriver rapidement et sûrement à une bonne détermination. Comme nous avons toujours procédé dans nos monographies, nous nous sommes toujours efforcé de donner à toutes nos espèces une valeur sensiblement égale, de façon à présenter un tout aussi homogène que possible. Terminons en adressant ici tous nos remerciements à nos nombreux amis et correspondants qui ont bien voulu nous seconder dans notre tâche, et tout particulièrement à notre savant ami le marquis de Monterosato, qui nous a mis à même de signaler plusieurs formes nouvelles.

OPISTHOBRANCHIATA

UMBRELLIDÆ

Coquille externe, discoïde, presque plane, mince; sommet subcentral, peu saillant.

Genre UMBRELLA, de Lamarck.

Coquille grande, tectiforme, très déprimée, face interne à peine concave, calleuse au centre, lisse à la périphérie; face externe striée concentriquement.

Umbrella Mediterranea, DE LAMARCK.

Umbrella Mediterranea, Lamck., 1816. *An. s. vert.*, VI, I, p. 343.

Très aplati; sommet petit, pointu; bord tranchant, contour légèrement ovulaire et un peu ondulé; face supérieure couverte d'un épiphragme membraneux très mince, zoné ou radié de brun roux, face inférieure brillante, d'un roux clair, avec des zones concentriques blanc jaune ou violacé. — H. 10 à 15; D. 60 à 80 millimètres.

HABITAT. — Côtes d'Europe et d'Afrique. — Adriatique.

PROFONDEUR. — Entre 5 et 150 mètres.

Genre TYLODINA, Rafinesque.

Coquille assez petite, tectiforme conoïde, un peu épaisse, calcaire en son milieu, membrano-calcaire sur les bords; sommet à peine arqué en arrière et latéralement; face externe légèrement striée.

Tylodina citrina, de Joannis.

Tydolina citrina, Joan., 1833. *In Mag. zool.*, I, p. 36. — *T. Rafinesquii*, Phil., 1836. *En. Moll. Sic.*, I, p. 114, pl. 7, fig. 8. — *Parmophorus patelloïdea*, Cantr., 1835. *In Acad. Brux.*, II, p. 395. — *Umbrella patelloïdea*, Cantr., 1840. *Malac. Médit.*, p. 93, pl. 8, fig. 19. — *Joannissia citrina*, Mtr., 1884. — *Norn.*, p. 149.

Subconoïde-ovulaire, à peine rétréci antérieurement; sommet assez élevé, presque central, très obtusément enroulé, faiblement arqué; face supérieure recouverte d'un épiderme mince, jaune pâle, plus foncé vers le sommet avec des rayons bruns; face inférieure d'un roux très clair, avec quelques zones concentriques plus teintées. — H, 8 à 10; D. 12 à 14 millimètres.

Hab. — Méditerranée: France, Italie, Corse, Sicile, Algérie, Tunisie. Adriatique. — Mer Egée.

Prof. — Entre 5 et 60 mètres [1].

OXYNOEÏDÆ

Coquille bulbiforme, épidermée, en partie externe, recouvrant les branchies, test mince et transparent.

Genre LOBIGER, Krohn.

Coquille ovoïde, enroulée, fragile, épidermée; spire petite, latérale et cachée; ouverture très ample, dilatée dans le milieu; labre simple; columelle mince.

Lobiger Serradifalei, Calcara.

Bullæa Serradifalci, Calc., 1840. *Mon. Bull. Claus.*, p. 45. — *Lobiger Philippii*, Krohn, 1847. *In Ann. nat. Hist.*, 3e sér., VIII, pl. 11, fig. 1-2. — *L. Serradifalci*, Mtr., 1875. *Nuova rev.*, p. 48. — *L. Philippii*, var. *Serradifalci*, Pact., 1888. *Cat. Conch.*, I, p. 494.

Ovoïde-oblong, enroulé, à peine plus atténué en bas qu'en haut; spire petite, en partie cachée, latérale; ouverture très grande, dilatée, ovalaire,

(1) Species minus nota.

Tylodina Dulbeni, Lovén, « Specimen unicum examinare licuit spiritu vini servatum, cujus forma, comparata icone Philippii, me monuit, genus hocce Turbonillæ affine esse eadem ratione ac 5 marginuta Trocho. Neque repugnat testa ovata, depresso-conica, obsolete angulato-radiata, cujus vortex recurvus anfractus præbet fere duos heterostrophos, sinistros. Color animalis et epidermidis purpureus : $\frac{10,7}{8,5}$ mm. » (Lov., 1846, *Moll. Scand.*), p. 15. — Hab. Norvège.

arrondie en haut et en bas, dépassant notablement le sommet; columelle mince, subcanaliculée à la base; test blanchâtre, luisant, avec quelques stries d'accroissement. — H. 8; D. 4 millimètres.

Hab. — Méditerranée : Mahon, Marseille, Messine, Palerme.

Prof. — Entre 5 et 20 mètres.

Genre OXYNOE Rafinesque.

Coquille globuleuse enroulée, cartilagineuse, épidermée; spire déprimée et subtronquée; ouverture dilatée en avant; labre désuni à la suture; columelle simple.

Oxynoe olivacea, Rafinesque.

Oxynoe olivacea, Raf., 1814. — *In Journ., encycl. Sic.*, n° 12. — *Bulla Gargottæ*, Calc., 1840. *Mon. Caus. Bul.*, p. 45. — *Icarus gravesi*, Forb., 1843. *Æg. inv.*, p. 134 et 187. — *Lophocerus Sieboldi*, Krohn, 1848. *In An. sc. nat.*, 3e sér., VII, p. 55, pl. 2, fig. 7-8. — *O. brachycephalus*, Morch, 1863. *In Journ. conch.*, XI, p. 45. — *O. Siebaldi*, Morch, *Loc. cit.*, p. 45. — *L. Gargottæ*, Petit, 1869. *Cat. test. matt.*, p. 98.

Globuleux, un peu rétréci et tronqué dans le haut, dilaté et arrondi dans le bas; 1 à 2 tours, le dernier très ample, détaché de la spire; ouverture subanguleuse dans le haut, arrondie dane le bas; labre simple, arqué; columelle simple, largement enroulée, laissant voir en dessous l'intérieur de la coquille; test mince, pellucide, luisant, blanc vitreux. — H. 12; D. 9 millimètres.

Hab. — Méditerranée : Baléares, France, Sicile, Malte.

Prof. — Entre 10 et 30 mètres.

PHILINIDÆ

Coquille interne, ne recouvrant qu'en partie les viscères, partiellement enroulée, mince, pellucide, hyaline, à ouverture très ample.

Genre PHILINE, Ascanias.

Coquille petite ou moyenne, plus ou moins globuleuse, aplatie en avant; spire ordinairement distincte mais très courte; ouverture occupant toute la hauteur; labre simple; incurvée; pas d'opuscule.

A. — Groupe du *Ph. aperta.*

Coquille à test lisse.

Philine aperta, LINNÉ.

Bulla aperta, Lin., 1766. *Syst. nat.*, éd. XII, p. 1183. — *Ph. quadripartita*, Ascan., 1772. *In Vetenst. ak. Stock*, p. 329, pl. 10, fig. A-B. — *B. bulla*, da Costa, 1778. *Brit. Conch.*, p. 30, pl. 2, fig. 3. — *Lobaria quadriloba*, Müll., 1788. *Zool. Dan.*, III, p. 30, pl. C, fig. 1-5. — *L. quadrilobata*, Gmel., 1799. *Syst. nat.*, éd., XIII, p. 31-47. — *Bullœa Planciana*, Lamck., 1801. — *Syst. anim.*, p. 63. — *Bullœa aperta*, Lamck., 1822. *An. s. vert.*, VI, p. 30. — *Bullœa Schrveteri*, Phil., 1844. *En. Moll. Sic.*, II, p. 94, pl. 20, fig. 2. — *Philine quadripartita*, Lov., 1846. *Moll. Scand.*, p. 114, — *Ph. aperta*, Forb., Han., 1853. *Brit. Moll.*, III, p. 539, pl. 114, E. fig. 1.

Semiglobuleux, un peu rétréci en haut; spire cachée; 2 tours, le dernier constituant à lui seul presque toute la coquille, à contour arrondi; ouverture très ample, subarrondie, à peine rétrécie dans le haut, arrondie à la base; columelle fortement arquée; test mince, fragile, semi-pellucide, presque lisse, blanchâtre. — H. 14 à 18; D. 14 à 15 millimètres.

HAB. — Atlantique : depuis la Norvège jusqu'aux îles Canaries et au Cap Vert. — Océan glacial arctique. — Mer du Nord. — Kattegat. — Baltique. — Manche. — Méditerranée : côtes d'Europe et d'Afrique. — Adriatique. — Mer Egée. — Bosphore. — Mer Noire.

PROF. — Entre 5 et 90 mètres.

Philine apertissima, DE FOLIN.

Ph. apertissima, Fol., 1893. *Pêches, chasses zool.*, p. 147, fig. 62.

Subtronconoïde, élargi dans le bas, rétréci dans le haut; spire cachée; 3 tours, le dernier très étroit, un peu allongé à sa naissance, constituant à lui seul presque toute la coquille; ouverture très ample, subtrigone, très fortement élargie dans le bas; columelle arquée; test mince, fragile, semi-pellucide, presque blanchâtre. — B. et D. 8 à 9 millimètres.

HAB. — Atlantique : Golfe de Gascogne.

PROF. — Entre 10 et 30 mètres.

Philine vitrea, M. SARS.

Ph. vitrea, M Sars, *in* G. O. Sars, 1878. *Moll. Norv.*, p. 298, pl. 26, fig. 8.

Petit, semi-globuleux, bien arrondi, spire à peine distincte; 2 tours séparés par une suture bien accusée, le dernier très étroitement arrondi à sa naissance, bien dilaté à son extrémité ; ouverture anguleuse et prolongée dans le haut, bien arrondi dans tout le bas ; labre régulièrement arqué, dépassant sensiblement le niveau du sommet ; columelle bien arquée ; test très mince, fragile, vitreux. — H. et D. 3 millimètres.

HAB. — Atlantique : îles Lofoden.

PROF. — Entre 75 et 90 mètres.

Philine velutinoides, M. SARS.

Ph. velutinoides, M. Sars, *in* G. O. Sars, 1878. *Moll. Norv.*, p. 302, pl. 24, fig. 10.

Très petit, subglobuleux ; spire peu distincte ; 2 tours et demi séparés par une suture profonde ; dernier tour assez grand et arrondi à sa naissance, dilaté à son extrémité ; ouverture ample, un peu étroitement arrondie, légèrement prolongée dans le haut, largement ovalaire dans le bas ; labre régulièrement arqué, dépassant à peine le niveau du sommet ; columelle bien arquée ; test mince, fragile hyalin. — H. et D., 2, 7 millim.

HAB. — Atlantique : îles Lofoden.

PROF. — Entre 220 et 360 mètres.

Philine nitida, JEFFREYS.

Ph. nitida, Jeffr., 1867. *Brit. Conch.*, IV, p. 456, pl. 96, fig. 7.

Très petit, oblong-piriforme ; spire plane, distincte ; 2 tours et demi ; suture profonde et excavée, dernier tour allongé, arrondi à sa naissance, un peu allongé à son extrémité ; ouverture ovalaire, tronquée et rétrécie en haut, arrondie en bas ; labre sinué dans le haut, ne dépassant pas le niveau du sommet, arrondi à la base ; columelle peu arquée ; test mince, fragile, hyalin. — H. 1,5 ; D. 0,7 millimètres.

HAB. — Atlantique : Grande-Bretagne et ses îles. — Mer du Nord. — Méditerranée : Sicile, Algérie.

PROF. — Entre 20 et 70 mètres.

Philine sinuata, STIMPSON.

Ph. sinuata, Stimps., 1851. *In Prac. Boston Soc.*, III, p. 333.

Très petit, oblong-piriforme un peu ventru, tronqué dans le haut, allongé-arrondi dans le bas ; spire distincte ; 2 tours et demi-carénés ; suture profonde et canaliculée ; dernier tour étroitement arrondi à sa naissance, dilaté surtout dans le bas à son extrémité ; ouverture anguleuse dans le haut, allongée, un peu étroitement ovalaire à la base ; labre sinueux à la partie supérieure et dépassant à peine le sommet; test très mince, fragile, hyalin. — H. 1,8; D. 1 millimètre.

HAB. — Atlantique : Finmark occidental ; Amérique du Nord.

PROF. — Entre 20 et 30 mètres.

B. — Groupe du *Ph. fragilis.*

Test strié ou ponctué.

Philine fragilis, G. O. SARS.

Ph. fragilis, G. O. Sars, 1878. *Moll. Norv.*, p. 297, pl. 18, fig. 11.

Ovoïde, tronqué obliquement au sommet; spire distincte; 2 tours, suture peu profonde; dernier tour arrondi à sa naissance, dilaté à son extrémité, ouverture rétrécie dans le haut, un peu étroitement arrondie dans le bas; labre subrecto-oblique latéralement, dépassant à peine le niveau du sommet; test mince, fragile, pellucide, orné de stries décurrentes très finement ponctuées. — H. 11; D. 4 millimètres.

HAB. — Atlantique : depuis le Finmark jusqu'aux îles Lofoden. — Océan glacial arctique. — Mer de Kara.

PROF. — Entre 90 et 220 mètres.

Philine Finmarkiana, M. SARS.

Ph. Finmarkiana, M. Sars, *in* G. O. Sars, 1878. *Moll. Norv.*, p. 298, pl. 18, fig. 10.

Ovoïde un peu allongé, tronqué obliquement au sommet; spire distincte; 2 tours; suture simple; dernier tour assez largement arrondi à sa naissance, allongé, dilaté à son extrémité; ouverture rétrécie en haut, un peu étroitement arrondie en bas; labre subrecto-oblique, ne dépassant pas le niveau du sommet; test mince, fragile, pellucide, orné de stries décurrentes très fines, à peine ponctuées. — H. 7; D. 4 millimètres.

HAB. — Atlantique : depuis le Finmark jusqu'aux îles Lofoden. — Océan glacial arctique. — Mer de Kara. — Mer du Nord.

PROF. — Entre 90 et 220 mètres.

Philine Ossiani, FRIELE.

Ph. Ossiani-Sarsi, Friele, 1877. *In Nyt. Mag.*, XVIII, p. 9, fig. 19.

Ovoïde à peine tronqué au sommet; spire distincte; 3 tours et demi; suture accusée; dernier tour largement arrondi à sa naissance; dilaté, allongé dans le bas à son extrémité; ouverture rétrécie en haut, largement ovalaire à la base; labre ondulé, oblique latéralement, n'atteignant pas le niveau du sommet; test mince, fragile, pellucide, orné, décurrentes ponctuées alternativement fortes et faibles. — H. 9 ; D. 6,5 millimètres.

HAB. — Atlantique : à l'ouest de la Norvège.

PROF. — Vers 730 mètres.

Philine pruinosa, CLARCK.

Bullæa pruinosa, Clark, 1834. *In Zool. Journ.*, III, p. 339. — *Ph. granulosa*, M. Sars, 1835. *Beskr.*, p. 3, pl. 14, fig. 36. — *Ph. pruinosa*, Lov., 1846. *Moll. Scand.*, p. 141.

Subglobuleux, un peu plus haut que large, tronqué obliquement dans le haut; spire distincte; 3 tours; suture accusée; dernier tour arrondi à sa naissance, dilaté, allongé à son extrémité; labre largement arqué, allongé latéralement, subsemi-déclive dans le haut, ne dépassant pas le niveau du sommet; test un peu mince, subopaque, orné de stries décurrentes et d'accroissement formant un réseau à mailles fines et rectangulaires. — H. 4 à 6; D. 3 à 5 millimètres.

HAB. — Atlantique : depuis les îles Lofoden et Shetland jusqu'au golfe de Gascogne. — Mer du Nord. — Kattegat. — Manche. — Méditerranée : France, Sicile, Algérie. — Adriatique.

PROF. — Entre 20 et 360 mètres.

Philine flexuosa, M. SARS.

Ph. flexuosa, M. Sars, *in* G. O. Sars, 1878. *Mull. Norv.*, p. 302.

Subglobuleux, un peu plus haut que large, tronqué obliquement dans le haut ; spire distincte ; 3 tours ; suture accusée ; dernier tour arrondi dans le haut, dilaté, allongé dans le bas ; ouverture bien rétrécie au sommet, largement ovalaire à la base ; labre largement arqué ne dépassant pas le niveau du sommet ; test très mince, fragile, subtransparent, orné de stries décurrentes obsolètes et de stries d'accroissement accusées. — H. 6 à 7 ; D. 3,5 à 4,5 millimètres.

HAB. — Atlantique : Scandinavie. — Mer du Nord. — Méditerranée : Italie, Sicile, Algérie.

PROF. — Entre 110 et 375 mètres.

Philine retifera, Forbes.

Bulla retifer., Forb., 1843. *Æg. inv.*, p. 187. — *D. vestita*, Phil., 1844. *Mull. Sic.*, II, p. 95, pl. 20, fig. 4. — *Johania retifera*, Mtr., 1884. — *Nom.*, p. 117. — ? *Scaphander vestitus*, Kob., 1888. *Prodr.*, p. 290.

Ovoïde, allongé, rétréci et troncatulé au sommet; spire ombiliquée; 2 tours peu distincts; dernier tour étroitement allongé dès sa naissance, faiblement dilaté à son extrémité; ouverture oblongue, rétrécie en haut, étroitement arrondie en bas; labre légèrement arqué ne dépassant pas le niveau du sommet; test mince, strié, recouvert d'un épiderme roux-clair et réticulé. — H. 6; D. 4 millimètres.

Hab. — Méditerranée : France, Italie; Sicile, Algérie. — Mer Egée.

Prof. — Entre 10 et 40 mètres.

Philine intricata, de Monterosato.

Ph. intricata, Mtr., 1875. *Nuova rev.*, p. 47 (*sine descrip.*)

Petit, subtriangulaire, plus haut que large, rétréci dans le haut, allongé dans le bas; spire distincte, à peine saillante; 2 à 3 tours; suture peu accusée; dernier tour très haut et un peu étroit à sa naissance, dilaté droit à son extrémité; ouverture très grande, rétrécie en haut, élargie et subrhomboïdale au bas; labre ne dépassant pas le niveau du sommet, à profil latéral recto-déclive; test mince, subpellucide, orné de stries décurrentes pointillées très fines. — H. 3; D. 2,2 millimètres.

Hab. — Méditerranée : France, Corse, Sicile.

Prof. — Entre 40 et 80 mètres.

Philine angulata, Jeffreys.

Ph. angulata, Jeffr., 1867. *Brit. Conch.*, IV, p. 451, pl. 96, fig. 3.

Très petit, subpentagonal, à peine plus haut que large; spire distincte, légèrement saillante; 2 à 3 tours; suture profonde, canaliculée; dernier tour petit et un peu arrondi à sa naissance, très largement dilaté et subanguleux à son extrémité; ouverture très ample, subquadrangulaire, labre dépassant un peu le niveau du sommet, à contour subpolygonal; columelle bien arquée; test mince, fragile, pellucide, orné de fines stries décurrentes ponctuées. — H. 2; D. 1,7 millimètres.

Hab. — Atlantique : Norvège, îles Shetland, Grande-Bretagne; Amérique Septentrionale. — Mer du Nord. — Méditerranée : Sicile.

Prof. — Entre 20 et 55 mètres.

C. — Groupe du *Ph. scabra.*

Test orné de stries décurrentes vacuolées.

Philine scabra, Muller.

Bulla scabra, Müll., 1776. *Zool. Dan.*, II, pl. 71, fig. 11-14. — *Philine pectinata*, Dillw., 1817. Cat., p. 481. — *Bullæa angulata*, Phil., 1836. *Moll. sic.*, I, p. 171, pl. 7, fig. 17. — *Ph. scabra*, Lov. 1846. *Moll. Scand.* p. 141. — *Hermania scabra*, Mtr., 1884. *Nom.*, p. 147.

Subconoïde, allongé, tronqué obliquement au sommet : spire distincte ; 2 à 3 tours séparés par une suture profonde, le dernier allongé à sa naissance, très faiblement dilaté à son extrémité ; ouverture étroite en haut, élargie et troncatulée dans le bas, labre droit, à peine déclive, ne dépassant pas le niveau du sommet, subarrondi et frangé à la base, columelle peu arquée ; test mince, semi-pellucide, orné de stries décurrentes, de vacuoles arrondies et distinctes. — H. 5 à 8 ; D. 1,5 à 4 millimètres.

Hab. — Atlantique : depuis l'Irlande jusqu'aux îles Madères ; Groenland. — Mer du Nord. — Kattegat. — Manche. — Méditerranée : Côte d'Europe et d'Afrique. — Adriatique. — Mer Egée.

Prof. — Entre 3 et 1350 mètres.

Philine Loveni, Malm.

Ph. Loveni, Malm, *in* G. O. Sars, 1878. *Moll. Norv.*, p. 295, pl. 26, fig. 5.

Subconoïde, très allongé, tronqué au sommet ; spire distincte ; 3 tours ; suture accusée ; dernier tour allongé, très largement arqué à sa naissance, faiblement dilaté à son extrémité, ouverture rétrécie dans le haut, un peu élargie et subtroncatulée dans le bas ; labre presque droit latéralement, n'atteignant pas le niveau du sommet ; columelle peu arquée ; test mince, semipellucide, orné de vacuoles ovalaires et distinctes. — H. 7 ; D. 3,5 millimètres.

Hab. — Atlantique : Norvège. — Mer du Nord. — Kattegat.

Prof. — Entre 55 et 220 mètres.

Philine lima, Brown.

Utriculus lima, Brown., 1827. *Conch. ill.*, pl. 38, fig. 39-40. — *Bulla lineolata*, Gouth., 1839. *In Boston Journ. nat. Hist.*, II, p. 179, pl. 3, fig. 15. — *Bullæa punctata*, Möll., 1847. *Moll. Groenl.*, p. 6. — *B. granulosa*, Möll., 1847. *Loc. cit.*, p. 6. — *Philine quadrata*, Mörch., 1875. *Arch. Man.*, p. 125. — *Ph. scabra*, Jeffr., 1876. *In Proc. zool. soc.*, p. 143. — *Ph. granulosa*, G. O Sars, 1877. *Dan. Groenl.*, p. 436. — *Ph. lima*, G. O. Sars, 1878. *Moll. Norv.*, p. 300, pl. 18, fig. 12.

Subcylindroïde un peu renflé ; spire saillante, sommet légèrement mamelonné; 3 à 4 tours; suture étroite; dernier tour assez haut, faiblement arrondi à sa naissance, très légèrement dilaté à son extrémité; ouverture bien rétrécie, étroitement arrondie à la base, labre légèrement sinué, n'atteignant pas le niveau du sommet; columelle assez arquée; test un peu solide, orné de stries décurrentes; de vacuoles arrondies et distinctes. — H. 9; D. 4 millimètres.

Hab. — Atlantique: Norvège; Amérique Septentrionale, Groenland; Océan glacial arctique. — Mer de Kara. — Mer du Nord.

Prof. — Entre 20 et 720 mètres.

Philine catenata, Montagu.

Bulla catena, Mtg., 1803. *Test. Brit.*, p. 215, pl. 7, fig. 7. — *Bullæa catena*, Brown., 1822. *Conch. ill.*, pl. 19, fig. 33-34. — *B. punctata*, Phil., 1844. *Loc. cit.*, II, p. 95. — *Philine catena*, Forb., Haul., 1853. *Brit. Moll.*, III, p. 545, pl. 114 E, fig. 6-7. — *Ph. catenata*, Loc., 1886. *Prodr. fr.*, p. 52. — *Ph. (Hermanphia) catena*, Pall., 1900. *In Journ. Conch.*, XLVIII, p. 252.

Subovoïde à peine allongé, atténué et tronqué obliquement au sommet, arrondi dans le bas; spire distincte; 3 tours; suture marquée; dernier tour arrondi et assez haut à sa naissance, bien dilaté à son extrémité; ouverture atténuée dans le haut, subarrondie dans le bas; labre légèrement sinué et dépassant à peine le sommet, troncatulé et finement frangé à la base; columelle peu arquée, test mince, pellucide, orné de stries décurrentes, d'anneaux allongés et soudés à forme de chaînes. — H. 2 à 4; D. 2 à 3,5 millimètres.

Hab. — Atlantique: depuis les îles Lofoden jusqu'en Espagne, — Mer du Nord. — Manche. — Méditerranée: France, Italie, Corse, Sardaigne, Sicile, Algérie. — Adriatique.

Prof. — Entre 40 et 2010 mètres.

Philine cingulata, G. O. Sars.

Ph. cingulata, G. O. Sars, 1878. *Moll. Norv.*, p. 297, pl. 2, fig. 7.

Très petit, subquadrangulaire, presque aussi haut que large, tronqué obliquement au sommet; spire distincte; 2 tours; suture accusée; dernier tour bien arrondi, peu haut à sa naissance, bien dilaté à son extrémité; ouverture subcirculaire, rétrécie, bien élargie et subtroncatulée à la base; lobe arqué; columelle très arquée; test mince, subopaque, assez

épais, orné de stries décurrentes et irrégulières, de petites vacuoles arrondies. — H. 2 ; D. 1,8 millimètres.

HAB. — Atlantique : îles Lofoden.

PROF. — Entre 228 et 360 mètres.

Philine quadrata, S. Wood.

Bullæa quadrata, S. Wood, 1839. *In Mag. nat. Hist.*, III, pl. 461, pl. 7, fig. 1. — *Ph. scutulum*, Lov., 1846. *Moll. Scand.*, p. 9. — *Ph. quadrata*, Forb., Haul., 1855. *Brit. Moll.*, III, p. 521, pl. 114 E, fig. 2-3.

Moyen, subquadrangulaire, un peu plus haut que large, tronqué obliquement au sommet ; spire indistincte ; dernier tour étroitement arrondi à sa naissance, bien dilaté, subarrondi à son extrémité ; ouverture rétrécie, bien élargie et tronquée dans le bas ; labre subsinué latéralement, crénelé à la base, ne dépassant pas le niveau du sommet ; columelle bien arquée ; test un peu épaissi, subopaque, orné de stries décurrentes, de fines vacuoles arrondies et jointives. — H. 5 à 7 ; D. 3,5 à 7 millimètres.

HAB. — Atlantique : depuis le Finmark et les Shetland jusqu'aux Açores et Sainte-Hélène ; Amérique du Nord : Groenland. — Océan glacial arctique. — Mer du Nord. — Kattegat. — Méditerranée : Sicile.

PROF. — Entre 20 et 2020 mètres.

Philine Monterosatoi, Jeffreys.

Ph. Monterosatoi, Jeffr., *ap.* Mtr., 1874. *In Journ. Conch.*, XXII, p. 282. — *Ossiania Monterosatoi*, Mtr., 1884. *Norn.*, p. 147 *(descr. summa)*.

Ovoïde, spire à peine distincte, légèrement enfoncée, dernier tour assez étroitement arrondi, allongé dans le haut, dilaté, arrondi à l'extrémité ; ouverture rétrécie, élargie et arrondie à la base, terminée dans le haut par un léger sillon qui se prolonge en s'arquant en arrière ; labre arqué, dépassant le niveau du sommet ; columelle subarrondie ; test mince, hyalin, blanc-laiteux, orné de stries décurrentes, de vacuoles arrondies et jointives. — H. 7 ; D. 5 millimètres.

HAB. — Méditerranée : France, Sicile, Algérie.

PROF. — Entre 90 et 210 mètres.

Philine punctata, Clark.

Bullæa punctata, Clark, 1837. *In Zool. Journ.*, III, p. 339. — *B. alata*, Forb., 1843. *Æg. inv.*, p. 187. — *Bulla (Philine) punctata*, A. Ad., *in* Sow., 1850. *The conch.*, p. 60, pl. 125, fig. 121. — *Ph. punctata*, Forb., Haul., 1853. *Brit. Moll.*, III, p. 547, pl. 114 E, fig. 8-9.

Très petit, subovoïde un peu allongé, vaguement subquadrangulaire, tronqué obliquement au sommet; spire très petite, à peine saillante; 2 tours; suture étroitement canaliculée; dernier tour étroitement arrondi à sa naissance, dilaté à l'extrémité, ouverture un peu rétrécie, élargie et subtroncatulée à la base; labre flexueux, ne dépassant pas le niveau du sommet; à peine frangé dans le bas; columelle arquée; test mince, subpellucide, orné d'un fin quadrillage régulier. — H. 1,5; D. 1 à 1,3 mill.

Hab. — Atlantique : depuis le Finmark jusqu'au Portugal; Groenland. — Océan glacial arctique. — Mer de Kara. — Mer du Nord. — Kattegat. — Baltique. — Manche. — Méditerranée : Italie, Sicile, Maroc, Algérie. — Mer Egée.

Prof. — Entre 20 et 90 mètres.

Philine striatula, Jeffreys.

Ph. striatula, Jeffr., *in* Loc., 1897. *Exp. Trav.*, I, p. 40, pl. 1, fig. 10-11.

Petit, subpiriforme, plus large en haut qu'en bas, tronqué à la partie supérieure; spire plane; 2 tours; suture accusée; dernier tour haut et arrondi à sa naissance, atténué à son extrémité; ouverture subrectangulaire un peu plus étroite en haut qu'en bas; labre vertical n'atteignant pas le niveau du sommet; columelle fortement arquée; test mince, opalin, orné de stries décurrentes, de vacuoles arrondies et très fines. — H. 3; D. 2 millimètres.

Hab. — Atlantique : Golfe de Gascogne; péninsule Ibérique. — Méditerranée : Algérie.

Prof. — Entre 675 et 1190 mètres.

SCAPHANDRIDÆ

Coquille assez grande, ne pouvant pas contenir entièrement l'animal, partiellement enroulée; spire non visible; pas d'opercule.

Genre SCAPHANDER, de Montfort.

Coquille ovoïde, tronquée au sommet; spire masquée par un callum déprimé; ouverture très grande, occupant toute la hauteur; labre simple, dépassant le niveau du sommet; columelle épaisse, non plissée; test solide.

Scaphander lignarius, Linné.

Bulla lignaria, Lin., 176. *Syst. nat.*, éd. XII, p. 1184. — *Sc. lignarius*, Montf., 1810. *Conch. syst.*, II, p. 334. — *Bullæa lignaria*, Gray, 1815. *In Ann. Phil.*, p. 408. — *Assula condaluta*, Schum., 1817. *Nouv. syst.*, p. 258. — *Sc. gigantius*, Risso, 1826. *Eur. mérid.*, IV, p. 51, pl. 2, fig. 11.

Grand, ovoïde, allongé; spire en partie visible par le bas de la coquille; dernier tour allongé à sa naissance, légèrement dilaté à son extrémité; ouverture arrondie et faiblement élargie dans le bas; labre recto-déclive; columelle peu arquée; test solide, un peu mince, opaque, orné de stries décurrentes nombreuses, plus rapprochées en haut et en bas; d'un roux pâle avec linéoles décurrentes plus sombres. — H. 60 à 70; D. 40 à 45 millimètres.

Hab. — Méditerranée : Côtes d'Europe, d'Afrique et d'Asie. — Adriatique. — Mer Egée.

Prof. — Entre 10 et 200 mètres.

Scaphander Britannicus, Locard.

Bulla lignaria (*non* Lin.), da Costa, 1778. *Brit. Conch.*, p. 26, pl. 1, fig. 9. — *Sc. lignarius*, Lov., 1846. *Moll. Scand.*, p. 142 (*non* Montf.). — *Sc. Britannicus*, Loc., 1900. *In* Loc., Caz., *Coq. Corse*, p. 21.

Grand ovoïde, piriforme ventru; spire nettement visible par le bas de la coquille; dernier tour arrondi à sa naissance, bien détaché à son extrémité; ouverture rétrécie, élargie et largement arrondie à la base; labre légèrement sinué; fortement déclive; columelle très arquée; test un peu épaissi, orné de stries décurrentes nombreuses, plus serrées en haut qu'en bas; d'un jaune roux, avec linéoles décurrentes plus sombres. — H. 30 à 60; D. 28 à 58 millimètres.

Hab. — Atlantique : depuis les îles Lofoden jusqu'à la Méditerranée. — Mer du Nord. — Mer d'Irlande. — Manche.

Prof. — Entre 10 et 650 mètres.

Scaphander Targionii, Risso.

Sc. Targionius, Ris., 1826. *Hist. nat. Eur. mérid.*, IV, p. 51, fig. 13.

Subcylindroïde-allongé, faiblement tronqué au sommet; spire visible par le bas de la coquille; dernier tour un peu allongé à sa naissance; à peine dilaté à l'extrémité; ouverture rétrécie, étroitement élargie et arrondie dans le bas; labre presque droit; columelle faiblement arquée; test assez épais, orné de très nombreuses stries décurrentes fines et rapprochées; d'un brun ferrugineux monochrome. — H. 30 à 36; D. 16 à 19 millimètres.

HAB. — Méditerranée : Baléares, France, Italie.

PROF. — Entre 10 et 60 mètres.

Scaphander punctostriatus, MIGHELS.

Bulla puncto-striata, Migh., 1841. *In Boston Journ. Nat. Hist.*, IV, p. 43, pl. IV, fig. 10. — *Sc. librarius*, Lov., 1846. *Moll. Scand.*, p. 142. — *Sc. puncto-striatus*, G. O. Sars, 1878. *Moll. Norv.*, p. 292, pl. 18, fig. 6.

Ovoïde-oblong, à peine plus étroit en haut qu'en bas; spire en partie visible par le bas de la coquille; dernier tour largement arrondi à sa naissance; un peu affermi à son extrémité; ouverture rétrécie, allongée et à peine plus ouverte; arrondie dans le bas; labre largement arqué; test assez solide de stries décurrentes de lignes fines et ponctuées; d'un jaunacé roux clair. — M. 15 à 38; D. 8 à 15 millimètres.

HAB. — Atlantique : depuis l'Islande et le Finmark jusqu'aux Açores et à la mer des Sargasses; Amérique du Nord, depuis le Groenland jusqu'au golfe du Mexique et aux Barbades. — Méditerranée : Sicile.

PROF. — Entre 90 et 2325 mètres.

Genre SMARAGDINELLA, A. Adams.

Coquille interne, enroulée, déprimé; spire enfoncée, recouverte; ouverture occupant toute la hauteur; labre simple, bord columellaire muni d'un appendice spiral saillant.

Smaragdinella Algiræ, HANLEY.

Sm. Algiræ, Hanl., *in* Sow., 1855. *Thesaur.*, II, p. 598, pl. 121, fig. 155.

Subrectangulaire; un tour et demi de spire; dernier tour recto-oblique et petit à sa naissance; dilaté allongé à l'extrémité; ouverture échancrée dans le haut, terminée à la base en pointe arrondie et un peu oblique; labre ondulé; test mince, fragile, lisse, d'un blanc légèrement verdâtre. — H. 12; D. 15 millimètres.

HAB. — Méditerranée : Algérie (1).

PROF. — Littoral.

(1) D'après une note du marquis de Monterosato, il n'existait qu'un seul exemplaire de cette coquille, au British Museum.

BULLIDÆ

Coquille externe de taille variable, relativement médiocre ou petite, imperforée, globuleuse, à spire déprimée ou ombiliquée; ouverture aussi haute que la coquille; labre simple; columelle non plissée; pas d'opercule.

Genre BULLA, Linné.

Coquille ne pouvant renfermer tout l'animal; spire concave, étroitement ombiliquée, non distincte; dernier tour non disjoint dans le haut; columelle épaissie.

A. — Groupe du *B. navicula.*

Coquille globuleuse; test mince, subpellucide, presque lisse.

Bulla navicula, da Costa.

Bulla ampula (*non* Lin.), Penn., 1776. *Brit. Zool.*, p. 84. — *B. navicula*, da Costa, 1778. *Brit. Conch.*, p. 28, pl. 1, fig. 10. — *B. hydatis*, Brug., 1792. *Encycl. meth.*, *Vers.*, p. 374, *pars* (*non* Lamck.). — *B. cornea*, Lamck., 1822. *An. s. vert.*, VI, II, p. 26. — *Haminea Cuvieri*, Leach., 1852. *Syn.*, p. 41. — *H. hydatis*, Chenu, 1859. *Man.*, I, p. 399, fig. 2948, 2950, 2951. — *H. cornea*, Mtr., 1884. *Nom.*, p. 145. — *H. navicula*, D. D. D., 1886. *Mull. Rouss.*, I, p. 517, pl. 63, fig. 5-6.

Grand, globuleux, un peu allongé, plus haut que large; spire non apparente, obtusément ombiliquée; dernier tour bien arrondi à sa naissance, largement arrondi latéralement; ouverture un peu rétrécie, assez étroitement arrondie-élargie dans le bas; labre arqué, dépassant le niveau du sommet; columelle épaisse, arquée; test corné clair, jaunacé ou verdâtre, avec de nombreux plis d'accroissements. — H. 20 à 30; D. 16 à 22 millimètres.

Hab. — Atlantique : depuis la Grande-Bretagne jusqu'à la Méditerranée. — Manche. — Méditerranée : Espagne, France, Italie, Corse, Sardaigne, Sicile, Algérie. — Adriatique. — Mer Egée.

Prof. — Entre 2 et 50 mètres.

Bulla Gallica, Locard.

Bulla gallica, Loc., 1902. *Nov. sp.*

Grand, subcylindroïde, un peu renflé, bien plus haut que large; spire non apparente, obtusément ombiliquée; dernier tour largement arrondi à sa naissance, très largement arqué latéralement; ouverture rétrécie dans le haut, arrondie-élargie dans le bas; labre faiblement arquée; dépassant le niveau du sommet; columelle épaissie, arquée; test corné clair, vert jaunacé, avec des plis d'accroissement à peine marqués. — H. 20 à 24; D. 13 à 17 millimètres.

HAB. — Atlantique et Méditerranée : France.

PROF. — Entre 2 et 40 mètres.

Bulla globosa, de MONTEROSATO.

Bulla hydatis (non Lin.), *var. globosa*, Jeffr., 1867. *Brit. conch.*, IV, p. 438. — *Haminea hydatis*, B. D. D., 1886. *Moll. Rouss.*, I, p. 517, pl. 63, fig. 4 et 7. — *H. globosa*, Mtr., 1902, *Mss.*

Assez grand, globuleux-arrondi, un peu court, légèrement plus haut que large; spire non apparente, obtusément ombiliquée; dernier tour étroitement arrondi à sa naissance, bien arrondi latéralement; ouverture ovalaire, élargie et bien arrondie dans le bas; labre très arqué, dépassant notablement le niveau du sommet; test corné clair, plus ou moins jaunacé, avec des plis d'accroissements assez accusés, parfois mallée. — H. 11 à 22; D. 9 à 19 millimètres.

HAB. — Atlantique : Grande-Bretagne, France. — Méditerranée : France, Italie, Sicile.

PROF. — Entre 2 et 40 mètres.

Bulla subquadrata, de MONTEROSATO.

Haminea subquadrata, Mtr., 1902, *Mss.*

Assez grand, subparallélipipédique, un peu court et ventru, sensiblement plus haut que large; spire non apparente, obtusément ombiliquée; dernier tour largement arrondi à sa naissance, presque plan latéralement; ouverture ovalaire, élargie et bien arrondie dans le bas; labre très arqué, presque plan vers le haut; dépassant sensiblement le niveau du sommet; test corné clair plus ou moins jaunacé, avec des plis d'accroissements assez accusés. — H. 11 à 20; D. 8 à 16 millimètres.

HAB. — Méditerranée : France, Sicile.

PROF. — Entre 2 et 40 mètres.

Bulla hydatis, LINNÉ.

B. hydatis, Lin., 1866. *Syst. nat.*, éd. XII, p. 1183. — *B. navicula (non* da Costa), Donw., 1803. *Brit. Shells*, III, pl. 88, fig. 6-7. — *B. pisum*, Chiaje, 1841. *An. s. vert.*, III, p. 26. — *Haminea elegans*, Leach., 1852. *Syn.*, p. 42. — *B. folliculus*, Menke, 1853. *In Zeitsch. Malac.*, p. 141. — *H.*

hydatis, Brus., 1866. *Contr. Dalm.*, p. 83. — *B. elegans*, Jeffr., 1867. *Brit. Conch.*, IV, p. 439. — *B. follioulus*, Bellini, 1901. *In Bull. Soc. nat., Nap.*, XV, p. 93.

Petit, globuleux-court, presque aussi haut que large ; spire non apparente, obtusément ombiliquée, dernier tour allongé-arrondi à sa naissance, arrondi latéralement; ouverture étroitement ovalaire, un peu élargie dans le bas : labre assez arqué, dépassant un peu le niveau du sommet; columelle assez épaisse, arquée; test mince, corné, fragile, subpellucide, luisant, à peine striolé. — H. 8 à 10; D. 7 à 8 millimètres.

Hab. — Atlantique : depuis l'Irlande jusqu'aux îles Madères, Canaries, de l'Ascension, Sainte-Hélène. — Mer du Nord. — Mer d'Irlande. — Manche. — Méditerranée : côtes d'Europe et d'Afrique. — Adriatique. — Mer Egée.

Prof. — Entre 2 et 80 mètres.

Bulla subpellucida, H. Adams.

Haminea subpellucida, H. Adams, 1569. *In Proc. Zool. Soc.*, p. 275, pl. 19, fig. 13. — *Bulla subpellucida*, Mtr., 1878. *En. sin.*, p. 51.

Assez petit, ovoïde, un peu gibbeux dans le milieu; spire non apparente, excavée, subimperforée; dernier tour arrondi à sa naissance, largement arqué latéralement, ouverture légèrement rétrécie, un peu étroitement dilatée-arrondie dans le bas; labre droit, dépassant légèrement le niveau du sommet; columelle simple, arquée; test très mince, blanchâtre, subpellucide, orné de rides longitudinales régulières et de lignes décurrentes sensibles. — H. 17; D. 11 millimètres.

Hab. — Atlantique : Portugal. — Méditerranée : Italie, Sicile, Algérie. Adriatique.

Prof. — Entre 20 et 60 mètres.

Bulla Orbignyana, de Férussac.

B. orbignyana, Fer., 1822. *In Dict. Hist. nat.*, II, p. 573. — *Haminea dilatata*, Leach., 1852. *Syn.*, p. 43. — *B. dilatata*, Caill., 1865. *Cat. Loire-Inf.*, p. 143. — *H. orbignyana*, Mtr., 1884. *Nom.*, p. 146.

Assez grand, subpiriforme, ventru dans le milieu, notablement plus haut que large; spire non apparente, excavée, subimperforée ; dernier tour étroitement arrondi à sa naissance, largement arqué latéralement; ouverture étroite, bien dilatée-arrondie dans le bas; columelle subsinuée, dépassant notablement le niveau du sommet; columelle fortement arquée ; test mince, subpellucide, corné verdâtre, orné de rides longitudinales accusées et rapprochées. — H. 115; D. 11 millimètres.

Hab. — Atlantique : Grande-Bretagne, France. — Méditerranée : Sicile, Algérie. — Adriatique.

Prof. — ?

B. — Groupe du *B. utriculata.*

Coquille de petite taille, globuleuse; test strié.

Bulla utriculata, Brocchi.

B. utriculus, Broc., 1814. *Conch. foss. Sub.*, p. 633, pl. 1, fig. 6. — *B. Cranchi*, Leach., *in* Flem., 1828. *Brit. anim.*, p. 292. — *B punctura*, Brown, 1845. *Ill. Conch.*, pl. 19, fig. 41-42. — *Scaphander Cranchi*, Lov., 1846. *Moll. Scand.*, p. 142. — *(B. atys) Cecilei*, Weink., 1862. *In Journ. Conch.*, X, p. 357. — *Roxania utriculus*, Mtr., 1884. *Nom.*, p. 145. — *B. utriculata*, Loc., 1886. *Prodr. Fr.*, p. 77. — *Atys utriculus*, Pilsb., 1893. *Conch. syst.*, XV, p. 205, pl. 21, fig. 11-12; pl. 23, fig. 62-64.

Ovoïde ventru, tronqué en haut, à peine rétréci en bas; spire ombiliquée; dernier tour haut, élargement arrondi à sa naissance, ouverture étroitement ovalaire; labre largement arqué, dépassant un peu le niveau du sommet, étroitement arrondi à la base; columelle courbée, fluxueuse, plissée; test assez solide, orné de stries décurrentes, fines et ponctuées, accusées en haut et en bas; d'un jaune roux clair, avec linéoles décurrentes plus foncées. — H. 8 à 12; D. 4,5 à 8 millimètres.

Hab. — Atlantique : depuis l'Irlande et la Norvège jusqu'à la Méditerranée — Mer du Nord. — Kattegat. — Baltique. — Manche. — Méditerranée : côtes d'Europe, d'Afrique et d'Asie. — Adriatique. — Mer Egée.

Prof. — Entre 10 et 250 mètres.

Bulla semistriata Requien.

B. diaphana (non Mtg.), Arad., Magg., 1839. *Cat. sic.*, p. 40. — ? *B. turgidata* Forb., 1843. *Æg. inv.*, p. 188. — *B. semistriata*, Req. 1848. *Coq. Corse*, p. 44. *Haminea diaphana*, Dan. Sand., 1853. *Elenco-rara*, p. 176. — *Scaphandus gibbulus*. Jeffr., 1860. *Moll. Piém.*, p. 56, fig. 30-21. — *Weinkauffia diaphana*, Mtr., 1884. *Nom.*, p. 145. — *B. (Weinkauffia) gibbula*, Kub., 1888. *Prodr. Eur.*, p. 287. — *Atys diaphana*, Pilsb., 1893. *Conch. syst.*, p. 278, pl. 32, fig. 29, 30.

Ovoïde-allongé, un peu plus atténué en haut qu'en bas; spire ombiliquée; dernier tour très haut et très largement arqué à sa naissance; ouverture très étroite, un peu élargie et subarrondie à la base; labre à peine arqué, dépassant notablement le niveau du sommet; columelle courte, peu arquée, plissée; test mince, fragile, avec quelques stries décurrentes, obsolètes en haut et en bas; d'un blanc hyalin brillant. — H. 2 à 5; H. 1 à 2,5 millimètres.

Hab. — Méditerranée : France, Corse, Italie, Sicile, Algérie, Tunisie, — Adriatique. — ? Mer Egée.

Prof. — Entre 10 et 80 mètres.

Bulla Guernei, Dautzenberg.

B. rotundata, Jeffr., 1873. *In Rep. Brit. Assoc.*, p. 113 *(sine descr.)*. — *B. Guernei*, Dtz., 1889. *Contr. Açores*, p. 24. pl. 1, fig. 5. — *B. abyssicola*, Mtr., 1890. *Conch. Palermo*, p. 29, *(non* Dall.). — *Roxania subrotundata*, Mtr., 1890. *Loc. cit.*, p. 29.

Petit, ovoïde-globuleux; spire étroitement ombiliquée; dernier tour assez haut, arrondi à sa naissance; ouverture étroitement ovalaire, élargie dans le bas; labre régulièrement arqué, dépassant notablement le niveau du sommet; columelle presque droite, épaissie, réfléchie sur une fente ombilicale peu profonde; test assez solide, orné à la base de quelques stries décurrentes ponctuées et accusées; d'un blanc subhyalin. — H. 3; D. 2 millimètres.

Hab. — Atlantique : depuis le golfe de Gascogne jusqu'aux Açores. — Méditerranée : Sicile.

Prof. — Entre 530 et 2300 mètres.

Bulla semilævis, Jeffreys.

B. semilævis, Jeffr., *Ap.* Seguenza, 1879. *In Mem. Ac. Lincei*, p. 215, pl. 16, fig. 5.

Petit, subovoïde un peu allongé; spire ombiliquée; dernier tour largement arrondi et un peu haut à sa naissance; ouverture étroitement ovalaire, à peine un peu plus élargie dans le bas; labre largement arqué, atteignant presque le niveau du sommet; columelle faiblement arquée, épaissie, réfléchie sur une fente ombilicale profonde; test assez solide, orné dans le haut de quelques rares stries décurrentes; d'un blanc jaunacé. — H. 3 ; D. 2 millimètres.

Hab. — Atlantique : depuis l'Irlande jusqu'aux Açores. — Méditerranée : Marseille.

Prof. — Entre 550 et 2650 mètres.

Bulla pinguicula, Jeffreys.

B. pinguicula, Jeffr., 1888. *In mag. nat. Hist.*, 5e sér., VI, p. 318 *(sine descript.)*. — *B. abyssicola (non* dall.*)*, Pilsb., 1893. *Conch. syst.*, XV, p. 339. — *B. pinguicula*, Loc., 1897, *Exp. Trav.*, I, p. 58, pl. 1, fig. 26-30.

Assez petit, ovoïde-globuleux, un peu ventru dans le haut, atténué dans le bas; spire assez largement ombiliquée ; dernier tour peu haut et bien arrondi à sa naissance; ouverture rétrécie faiblement élargie à la base; labre largement arqué, ne dépassant pas le niveau du sommet; columelle arquée, épaissie, réfléchie sur une fente ombilicale à peine distincte; test assez solide, légèrement épaissi, orné de stries décurrentes régulières et très fines, de petites vacuoles circulaires; d'un roux très clair. — H. 5 à 7; 4 à 5 millimètres.

HAB. — Atlantique : depuis le golfe de Gascogne jusqu'aux îles Açores et au cap Vert.

PROF. — Entre 500 et 1350 mètres.

C. — Groupe du *B. Columnæ*.

Coquille subcylindroïde; test épaissi et opaque.

Bulla Columnæ, DELLE CHIAJE.

B. striata pars. Brug., 1789, *Dict.*, p. 372. — *B. ampullis (non* Lin.) v. Salis, 1793, *Reise Neap.*, p. 365. — *B. Columnæ*, Chiaje *in* Poli, 1876. *Test. Sic.*, III, p. 34, pl. 46, fig. 17-18. — *B. modestia*, Risso, 1876. *Hist. nat. Eur. mérid.*, IV, p. 49. — *B. amygdala*, Ad., *in* Sow., 1845. *Thes.*, pl. 122, fig. 117. — *B. omphaloides*, Menke, 1853, *In Zeitsch. malac.*, X, p. 127.

Subcylindroïde allongé, à peine plus rétréci en haut qu'en bas; spire étroitement et profondément ombiliquée; dernier tour largement arqué et allongé à sa naissance; ouverture rétrécie, faiblement élargie dans le bas; labre très largement convexe, dépassant le niveau du sommet; columelle épaisse, un peu arquée; test orné en haut et en bas de très fines stries décurrentes; d'un gris jaunacé, avec mouchetures brunes irrégulières. — H. 20 à 25; D. 12 à 14.

HAB. — ? Atlantique : péninsule ibérique. — Méditerranée : côtes d'Europe, d'Afrique et d'Asie. — Adriatique. — Mer Egée. — Mer Noire. Mer d'Azow.

PROF. — Entre 20 et 100 mètres.

Bulla dactylis, MENKE.

Bullæa dactylis, Menke, 1853, *In Zeitsch. malak.*, X, p. 137. — *Bulla dactylis*, Kob 1888, *Prodr. Eur.*, p. 287. — *B. striata, pars auct.*

Subconoïde étroitement allongé, un peu plus rétréci en haut qu'en bas; spire étroitement ombiliquée; très largement arqué et allongé à sa naissance; ouverture étroite, à peine élargie dans le bas et subarrondie; labre presque recto-déclive, dépassant le niveau du sommet; columelle épaisse, arquée; test orné de très fines stries décurrentes aux deux extrémités;

d'un gris jaunacé avec mouchetures brunes, irrégulières. — H. 30 à 38; D. 12 à 15 millimètres.

HAB. — Atlantique : péninsule ibérique. — Méditerranée : Espagne, France, Italie, Corse, Sicile, Sardaigne, Algérie. — Adriatique.

PROF. — Entre 30 et 100 mètres.

Genre ACERAS, Müller.

Coquille ne pouvant pas contenir entièrement l'animal; spire tronquée; tours distincts avec suture canaliculée ; dernier tour disjoint à la suture et formant un profond sinus; test mince, fragile, pellucide.

Aceras bullatum, MULLER.

Akera bullata, Müll., 1776. *Zool. Dan.*, p. 242, pl. 71, fig. 1-5. — *Bulla akera*, Gmel., 1789. *Syst. nat.*, éd. XIII, p. 3424. *B. Norvegica*, Brug., 1789. *Encycl. meth.*, *Vers*, I, p. 377, pl. 360, fig. 4. — *B. soluta*, Salis, 1793. *Reise Neap.*, p. 345. — *B. resilicum*, Don., 1801. *Briti Shells*, III, fig. 79. — *B. fragilis* Lamck., 1836. *An. d. vert.*, VIII, p. 672. — *B. elastica*, Dan., Sand., 1856. *Elenco rara*, p. 26. — *Akera Hanleyi*, Ad., *in* Sow., 1858. *Thes.*, pl. 121, fig. 46. — *Acera bullata*, Jeffr., 1867. *Brit. Conch.*, IV, p. 460. *Aceras bullatum*, Loc., 1886, *Prodr. Fr.*, p. 78. — *Akera tenuis*, Brus., 1866, *Contr. Dalm.*, p. 83. — *Akera bullata*, Pnet., 1888, *Cat. Conch.*, p. 630.

Ovoïde-ventru, tronqué en haut, bien arrondi en bas ; spire complètement déprimée; 3 à 4 tours séparés par une suture large et profonde; dernier tour arrondi à sa naissance, déclive à l'extrémité; ouverture rétrécie, bien arrondie, dilatée à la base ; labre arqué, arrondi, n'atteignant pas le niveau du sommet; columelle bien arquée ; d'un fauve foncé. — H. 20 à 28 ; D. 19 à 22 millimètres.

HAB. — Atlantique : depuis l'Irlande et le Finmark jusqu'aux îles Madères et Canaries. — Mer du Nord. — Kattegat. — Baltique. — Méditerranée : France, Italie, Sardaigne, Sicile. — Adriatique. — Mer Egée.

PROF. — Entre 5 et 15 mètres.

Aceras elegans, LOCARD.

Acera bullata G. O. Sars, 1878, *Moll. norv.*, pl. 26. fig. 1, (*non* Müll.). — *Aceras elegans*, Loc., 1886, *Prodr. Fr.*, p. 79 et 535.

Cylindroïde un peu allongé, tronqué en haut et en bas; spire un peu concave; 3 à 4 tours; suture large et profonde ; dernier tour largement arrondi à sa naissance, à peine déclive à l'extrémité ; ouverture rétrécie, un peu élargie et subarrondie dans le bas; labre droit atteignant le niveau du sommet; columelle peu arquée; d'un jaune roux. — H. 20 à 24; D. 14 à 17 millimètres.

Hab. — Atlantique : depuis la Norvège jusqu'à la Méditerranée. — France, Corse.

Prof. — Entre 5 et 15 mètres.

Genre CYLINDROBULLA, P. Fischer.

Coquille pouvant contenir complètement l'animal, cylindrique; spire très courte; suture entaillée; bord columellaire prolongé et recouvrant la spire; labre s'appliquant sur la région columellaire et fermant en partie l'ouverture.

Cylindrobulla fragilis, Jeffreys.

Cylichna fragilis, Jeffr., 1860, *Test. Piem.*, p. 49, fig. 16. — *C. fragilis*, Weink., 1848. *Conch. mittelm.*, II, p. 185.

Petit, étroitement cylindrique; spire enroulée; sommet peu distinct, atténué obliquement; ouverture n'atteignant pas le niveau du sommet, extrêmement étroite, à peine élargie à la base, tronquée inférieurement; labre droit, tranchant; columelle arquée; test très brillant, mince, hyalin, avec quelques stries dans le haut. — H. 2 à 6; D. 0,5 à 2,5 millimètres

Hab. — Atlantique : Madère. — Méditerranée, Italie, Algérie.

Prof. — Littoral.

CYLICHNIDÆ

Coquille externe, petite, enroulée, pouvant contenir tout l'animal; spire à peine saillants ou enfoncés ; ouverture aussi haute que la coquille.

Genre CYLICHNA, Loven.

Coquille subcylindrique; sommet non apparent; ouverture étroite, arrondie dans le bord; labre simple; columelle formant un pli plus ou moins évasé ; test mince, diaphane, régulier; pas d'opercule.

A. — Groupe du *C. cylindracea.*

Coquille assez petite ; galbe cylindroïde ; spire ombiliquée.

Cylichna cylindracea, Pennant.

Bulla cylindracea, Pen., 1777. *Brit. Zool.*, IV, p. 117, pl. 70, fig. 85. — *B. oliva*, Gmel. 1789. *Syst. nat.*, éd., XIII, p. 3433. — *Bullina cylindracea*, Risso, 1826. *Hist. nat. Eur. mérid.*, IV, p. 51 — *Bulla producta*, Brown, 1827. *Ill. conch.*, pl. 19, fig. 15-16. — *B. convoluta*, Scac., 1836, *Cat. Neap.*, p. 10 (*non* Broc.). — *Bullina producta*, Macgill., 1844. *Moll. Scotl.*, p. 335. — *Cylichna cylindracea*, Lov., 1846, *Moll. Scand.*, p. 147. — *Dinia cylindracea*, J. Roux, 1861. *Stat. Alp. Marit.*, p. 411. — *C. elongata*, Loc. 1886, *Prodr. Fr.* p. 71. — *Bullinella cylindracea*, Nich., 1890. *Moll. Irel.*, p. 577.

Etroitement cylindrique, 3 fois plus haut que large, subtronqué en haut, subarrondi en bas ; spire profondément ombiliquée ; ouverture étroite à bords parallèles, dilatée-piriforme à la base ; labre rectiligne ; columelle arquée et tordue ; test assez solide, opaque, avec des stries d'accroissement accusées et des stries décurrentes fines et rapprochées ; d'un blanc de lait. — H. 6 à 12 ; D. 2 à 4 millimètres.

Hab. — Atlantique : depuis la Norvège et les îles Lofoden jusqu'aux îles Canaries, Madère, Açores, Sainte-Hélène et de l'Ascension. — Mer du Nord. — Kattegat. — Baltique. — Manche. — Méditerranée : côtes d'Europe, d'Afrique et d'Asie. — Adriatique. — Mer Egée.

Prof. — Entre 10 et 2200 mètres.

Cylichna disciformis, B. Watson.

C. discus, Wats., 1886, *Voy. Challeng.*, XV, p. 664, pl 49, fig. 19.

Etroitement cylindrique, 2 fois et demie plus haut que large ; subtronqué dans le haut, troncatulé dans le bas ; spire ombiliquée ; ouverture étroite, à bords subparallèles, s'élargissant à partir de la demi-hauteur ; labre droit ; columelle épaisse, tordue ; test mince, lisse, avec traces de stries d'accroissement assez larges, mais très peu accusées ; d'un blanc laiteux translucide. — H. 4 ; D. 1,6 millimètres.

Hab. — Atlantique : entre la Norvège et l'Islande ; Amérique du Nord.

Prof. — entre 755 et 2015 mètres.

Cylichna alba, Brown.

Volvaria alba, Brown, 1827. *Ill. Conch.*, pl. 19, fig. 43-44. — *Bulla corticulata*, fig. 6. *In* Möll., 1842. *Moll. Groenl.*, p. 6. — *Cylichna alba*, Jeffr., 1867, *Brit. Conch.*, IV, p. 417, pl. 93.

Cylindroïde un peu court et renflé, à peine plus étroit en haut qu'en bas; subtronqué au sommet, bien arrondi à la base; spire légèrement concave, puis très étroite; dernier tour allongé, largement arqué à sa naissance; ouverture étroite, s'élargissant dans le bas; labre droit, dépassant un peu le niveau du sommet, columelle courte, arquée, vaguement plissée; test assez solide, blanc, lisse. — H. 8 à 11; D. 4,5 à 6 millimètres.

HAB. — Atlantique et régions arctiques depuis le Groenland jusqu'aux îles Britanniques. — Mer de Kara : Nouvelle-Zemble. — Mer du Nord. — Kattegat.

PROF. — Entre 20 et 560 mètres.

Cylichna propinqua, M. SARS.

Bulla striata (non Brug.), Brown, 1827. *Ill. conch.*. pl. 38, fig. 41-43. *Cylichna propinqua*, M. Sars, *in* G. O. Sars, 1878. *Moll. Norv.*, p. 284, pl. 18, fig. 5. — *C. sculpta*, Lecke, 1878. *Exp. Nov. Semlja*, p. 73, pl. 1, fig. 22. — *C. Reinhardti*, Auriv., 1885. *Vega exp.*, p. 370. — *C. striata*, Frich et Grieg, 1901. *Norsk. Nordh. Exp.*, III, p. 109.

Subcylindroïde, court et renflé, à peine plus étroit en haut qu'en bas, subtronqué au sommet, bien arrondi à la base; spire à peine un peu concave, très étroitement ombiliquée; dernier tour occupant la demi-hauteur totale à sa naissance; ouverture rétrécie sur la demi-hauteur, subarrondie dans le bas; labre recto-oblique, dépassant sensiblement le niveau du sommet; columelle presque droite, élargie; test solide, blanchâtre, orné de nombreuses stries décurrentes assez accusées. — H. 9; D. 7 millimètres.

HAB. — Atlantique : Finmark.

PROF. — Entre 20 et 110 mètres.

Cylichna insculpta, TOTTEN.

Bulla insculpta, Tott., 1835. *In Sillim. Journ. sc.*, XXVIII, p. 350, fig. 4. — *B. Reinhardti*, Möll., 1842. *Moll. Groenl.* — *C. occulta*, Lecke, 1878. *Exp. Nov. Semlja*, p. 73, pl. 1, fig. 21. — *C. Solitaria*, Friele, 1878. *In Nyti Mag. Naeur. v.*, XXIV, p. 5. — *C. insculpta*, Friele. 1901. *Norske Nordh. Exp.*, III, p. 109.

Ovoïde un peu allongé, presque aussi atténué en haut qu'en bas; spire cachée; dernier tour très largement arqué à sa naissance; ouverture étroite, un peu élargie et bien arrondie dans le bas; labre arqué; dépassant le niveau du sommet; columelle courte, un peu tordue; test assez solide, orné de stries décurrentes très fines et de stries d'accroissement peu distinctes; d'un blanc grisâtre. — H. 5 à 7; D. 4 à 4,5 millimètres.

HAB. — Atlantique et régions arctiques : Spitzberg, îles Jan-Mayen ; Finmark, îles Lofoden ; Groenland. — Mer de Kara ; Nouvelle-Zemble.

PROF. — Entre 10 et 450 mètres.

B. — Groupe du *C. umbilicata*.

Coquille petite ; galbe ovoïde ; spire étroitement et profondément ombiliquée.

Cylichna umbilicata, MONTAGU.

Bulla umbilicata, Mtg., 1803. *Test. Brit.*, p. 222, pl. 7, fig. 4. — *Valvaria umbilicata*, Brown, 1827, *Ill. conch.*, p. 3. — *B. truncatula*, Phil., 1836. *En. Moll. Dic.*, I, p. 122, pl. 7, fig. 21. — *Cylichna umbilicata*, Cantr., 1840. — *Malac. Médit.*, p. 79. — *Bullina umbilicata*, Macgill., 1844. *Moll, Scotl.*, p. 69. — *Haminea truncatula*, Brus., 1866. *Contr. Dalm.*, p. 83. — *C. truncatula*, Fol., 1870. *In Fonds mit.*, I, p. 261. — *Utriculus umbilicatus*, G. O. Sars, 1878. *Moll. Norv.*, p. 236, pl. 17, fig. 14. — *Cylichnina umbilicata*, Mtr., 1884. *Nom.*, p. 143. — *Tornatina umbilicata* Carus, 1889. *Prodr. Medit.*, II, p. 185. — *Retina umbilicata*, Pilsb., 1893. *Conch. syst.*, XV, p. 210, pl. 29, fig. 11-12. — *Cylichna (Cylichnina) umbilicata*, Pall., 1900. *In Journ. conch.*, XLVIII, p. 248.

Subconoïde allongé, tronqué en haut, arrondi en bas ; spire enfoncée, trés étroitement ombiliquée ; dernier tour allongé et largement arqué à sa naissance ; ouverture bien rétrécie, un peu élargie et arrondie à la base ; labre recto-déclive, dépassant légèrement le niveau du sommet ; columelle presque droite, avec un pli accusé ; test assez mince, semi-pellucide, avec des stries décurrentes extrêmement fines ; d'un blanc hyalin. — H. 2 à 3,5 ; D. 1,5 à 2 millimètres.

HAB. — Atlantique : depuis les îles Lofoden jusqu'au cap de Bonne-Espérance. — Mer d'Irlande. — Mer du Nord. — Manche. — Méditerranée : côtes d'Europe et d'Afrique. — Adriatique. — Mer Egée.

PROF. — Entre 10 et 1960 mètres.

Cylichna nitidula, LOVÉN.

C. nitidula, Lov., 1846; *Moll. Scand.*, p. 142. — *Utriculus nitidulus*, G. O. Sars, 1878. *Moll. Norv.*, p. 286, pl. 17, fig. 26. — *Cylichnina nitidula*, Mtr., 1884. *Nom.*, p. 143. *Tornatina nitidula*, Carus, 1889. *Prodr. Médit.*, II, p. 185. — *Retusa nitidula*, Pilsb.; 1893. *Conch. syst.*, XV, p. 212, pl. 23, fig. 54 ; pl. 60, fig. 5.

Subcylindroïde un peu allongé, à peine plus rétréci en haut qu'en bas, troncatulé au sommet, subarrondi à la base ; spire enfoncée, étroitement ombiliquée ; dernier tour allongé et presque droit à sa naissance ; ouverture bien rétrécie, élargie et arrondie à la base ; labre recto-déclive ;

columelle bien arquée, courte, non plissée; test mince, semi-pellucide, d'un blanc hyalin, lisse et brillant. — H. 3 à 3,5; D. 1,5 à 1,8 millim.

HAB. — Atlantique: depuis le Finmark jusqu'aux îles Madères; Amérique septentrionale. — Mer du Nord. — Manche. — Méditerranée : France, Italie. — Adriatique.

PROF. — Entre 30 et 300 mètres.

Cylichna Crossei, BUCQ., DAUTZ., DOLLFUS.

C. Crossei, D., D., D., 1886. *Moll. Rouss.*, I, p. 526, pl. 64, fig. 9-11. — *Tornatina Crossei*, Carus, 1889. *Prodr. médit.*, II, p. 185. — *Retusa Crossei*, Pilsb., 1890. *Conch. syst.*, XV, p. 217.

Ovoïde-oblongue, troncatulé au sommet, arrondi à la base; spire enfoncée et très obliquement ombiliquée; dernier tour largement arqué à sa naissance et assez allongé; ouverture très étroite, arrondie et élargie à la base; labre très largement arqué; columelle épaissie, tordue, avec un pli bien marqué; test un peu mince, subpellucide, avec quelques striations décurrentes à la base; d'un blanc hyalin. — H. 2; D. 1 millimètre.

HAB. — Méditerranée : France.

PROF. — ?

Cylichna strigella, LOVEN.

C. strigella, Lov., 1846. *Moll. Scand.*, p. 142. — *Bulla strigella*, A. Ad., in Sow., 1850. *Thes.*, I, p. 592. — *B. ovulata*, Sow., *Loc. cit.*, pl. 125, fig. 118. — *Utriculus strigellus*, Kob., 1888. *Prodr. Eur.*, p. 278. — *Tornatina strigella*, Carus, 1889, *Prodr. Médit.*, p. 185.

Subcylindroïde un peu allongé; à peine plus rétréci en haut qu'en bas; troncatulé au sommet; subarrondie à la base; spire enfoncée, étroitement ombiliquée; dernier tour allongé et presque droit à sa naissance; ouverture étroite, un peu élargie et subarrondie dans le bas; labre rectodéclive; columelle calleuse, arquée, avec un pli bien distinct; test mince, semi-pellucide, orné de stries décurrentes très fines, subondulées. — H. 2 à 3; D. 1,5 à 1,8 millimètres.

HAB. — Atlantique : depuis les îles Lofoden jusqu'au sud du Portugal. — Mer du Nord. — Manche. — Méditerranée : Sicile, Italie.

PROF. — Entre 10 et 90 mètres.

Cylichna crebrisculpta, DE MONTEROSATO.

Cylichnina crebrisculpta, Mtr., 1884. *Norm.*, p. 143. — *Utriculus crebrisculptus*, Kob., 1888. *Prodr. Eur.*, p. 276. — *Tornatina crebrisculpta*,

Carus, 1889. *Prodr. Médit.*, II, p. 185. — *Cylichna (Cylichnina) crebrisculpta*, Pall., 1900. *In. Journ. conch.*, XLVIII, p. 248. — *Retina crebrisculpta*, Pilsb., 1893. *Conch. syst.*, XV, p. 293, pl. 27, fig. 2, 34.

Subconoïde, dactyliforme, troncatulé et un peu rétréci dans le haut, subarrondi dans le bas ; spire enfoncée et très étroitement ombiliquée ; dernier tour très haut et largement arqué à sa naissance ; ouverture bien rétrécie, s'élargissant et s'arrondissant à la base ; labre recto-déclive, dépassant sensiblement le niveau du sommet ; columelle presque droite avec un pli accusé ; test assez solide, semipellucide, orné de plis d'accroissement et de fines stries décurrentes très rapprochées et bien marquées. — H. 3 ; D. 2 millimètres.

Hab. — Atlantique : golfe de Gascogne. — Méditerranée, France, Corse, Italie, Sicile, Algérie.

Prof. — Entre 10 et 120 mètres.

Cylichna lævisculpta, Granuta.

C. lævisculpta, Gran., 1877. *Descr. Nap.*, p. 11. — *Cylichnina lævisculpta* Mtr., 1884. *Norm.*, p. 143. — *Utriculus lævisculptus*, Dtz., 1803. *In Journ. conch.*, XXXI, p. 329. — *Tornatina strigella*, Carus, 1889. *Prodr. Médit.*, II, p. 185 (*pars*). — *Retusa lævisculpta*, Pilsb., 1893. *Conch. syst.*, XV, p. 311.

Subcylindroïde assez allongé, rétréci et subtroncatulé dans le haut, un peu étroitement arrondi dans le bas ; spire enfoncée et très étroitement ombiliquée ; dernier tour haut et presque droit à sa naissance ; ouverture très étroite, arrondie et un peu dilatée à la base ; labre subrecto-déclive, dépassant le niveau du sommet ; columelle calleuse, arquée, avec un pli assez fort ; test mince, subpellucide, orné de stries décurrentes et un peu plus blanchâtre. — H. 2 à 4 ; D. 1,3 à 2,3 millimètres.

Hab. — Méditerranée : France, Italie, Maroc.

Prof. — Entre 20 et 60 mètres.

Cylichna Blainvilleana, Récluz.

Bulla Blainvilleana, Récl., 1843. *In Rev. Soc. Cuv.*, p. 10. — *B. umbilicata*, Cantr., 1840. *malac. médit.*, p. 79 (*pars*). — *B. strigella*, M. Andr., 1849, *Brit. mus.* (*teste* Jeffr.). — *B. ovulata* (*non* Broc.) Jeffr., 1860. *Piedm. coast*, p. 49, pl. 1, fig. 18-19. — *B. Cylichna) Jeffreysi*, Weink., 1860. *In Journ. conch.*, XIV, p. 238. — *Roxaniella Jeffreysi*, Mtr., 1844. *Norm.*, p. 45. — *Utriculus Jeffreysi*, Kab., 1888. Prodr., p. 276. — *Tornatina Jeffreysi*. Carus, 1889. *Prodr.*, II, p. 185. — *B. Blainvillana*, Mtr., 1890. *Conch. Palermo*, p. 29. — *Atys Blainvilleana*, Pilsb., 1893. *Conch. syst.*, XV, p. 278, p. 43, fig. 16. — *A. Jeffreysi*, Pilsb., 1893. *Loc. cit.*, p. 277, pl. 59, fig. 1-2.

Ovoïde allongé, atténué aux deux extrémités, troncatulé dans le haut ;

spire profondément et étroitement ombiliquée; dernier tour allongé et presque droite à sa naissance; ouverture étroite, s'élargissant un peu dans le bas; labre très largement arqué, dépassant notablement le niveau du sommet; columelle courte, peu fluxueuse, peu épaissie; test mince, pellucide, avec quelques stries décurrentes très atténuées dans le haut et dans le bas; d'un jaune viridescent brillant. — H. 15 à 8; D. 2,3 à 5 millimètres.

Hab. — Méditerranée : France, Corse, Italie, Sicile, Algérie, Tunisie.

Prof. — Entre 15 et 200 mètres.

Cylichna Robagliana, P. Fischer.

Bulla Robagliana, P. Fisch., 1867. *In Fonds mer*, I, p. 150, pl. 13, fig. 2. — *Cylichna Robagliana* Loc., 1886. *Prodr. France*, p. 75. — *Retusa Robagliana*, Pilsb., 1889. *Conch. syst.*, XV, p. 213, pl. 27, fig. 6.

Cylindroïde un peu court, tronqué dans le haut; spire étroitement et profondément ombiliquée; dernier tour très allongé et presque droit à sa naissance; ouverture étroite, s'arrondissant un peu dans le bas; labre droit, dépassant le niveau du sommet; columelle courte, arquée, plissée; est assez solide, blanchâtre, orné de rides longitudinales, rapprochées, régulières, droites, recoupées par des stries décurrentes fines mais sensibles. — H. 3; D. 1,3 millimètres.

Hab. — Atlantique : golfe de Gascogne.

Prof. — Entre 30 et 90 mètres.

Cylichna ovata, Jeffreys.

Cylichna conulus, Forb., Hanl., 1853. *Brit. Moll.*, III, p. 517, pl. 91, fig. 2 (*non* Desh.). — *C. umbilicata var.*, Jeffr., 1867. *Brit. Conch.*, IV, p. 416. *Utriculus conulus*, G. O. Sars, 1878. *Moll. Norv.*, p. 287, pl. 17, fig. 17. — *C. ovata*, Jeffr., 1876. *In Rep. Brit. Assoc.*, p. 156. — *Retusa avena*, Dall., 1889. *In Bull U. S. nat. Mus.* XXXVII, p. 86. — *Cylichnina ovata*. Nich., 1900. *In Irish. acad.*, p. 576.

Conoïde un peu allongé, bien atténué et tronqué dans le haut, élargi vers le bas; spire assez étroitement ombiliquée; dernier tour allongé et presque droit à sa naissance; ouverture très étroite, élargie et bien arrondie dans le bas; labre subsinué; columelle épaissie, presque droite, un peu réfléchi sur une fente ombilicale peu marquée; test assez solide, blanchâtre, lisse, avec des stries décurrentes obsolètes. — H. 8; D. 4 mill.

Hab. — Méditerranée : depuis les îles Lofoden jusqu'aux Açores.

Prof. — Entre 360 et 2020 mètres.

Cylichna obesiuscula, DE MONTEROSATO.

C. obesiuscula, Mtr., 1878. *In Bull. malac. Ital.*, III p. 39, pl. 1, fig. 7.

Conoïde court et trapu, très atténué et tronqué dans le haut, bien renflé dans le bas; spire étroitement ombiliquée; dernier tour médiocrement allongé à sa naissance; ouverture très étroite, élargie et subarrondie dans le bas; labre recto-déclive, dépassant le niveau du sommet; columelle presque droite, plissée; test mince, blanchâtre, transparent, lisse, avec quelques stries d'accroissement dans le haut. — H. 5; D. 3 millimètres.

HAB. — Méditerranée : France, Italie.

PROF. — Vers 555 mètres.

Genre CRYPTAXIS, Jeffreys.

Coquille subcylindrique; spire immergée; sommet visible au fond d'un ombilic supérieur plus ou moins profond; ouverture étroite, élargie dans le bas; columelle arquée; test mince, semi-pellucide; pas d'opercule.

Cryptaxis parvulus, JEFFREYS.

Cyichna (Cryptaxis) parvula, Jeffr., 1883. *I., Mag. nat. Hist.*, 5e sér., X, p. 400, pl. 16, fig. 9. — *Cr. parvula*, Kob., 1888. *Prodr. Eur.*, p 281. — *Cyl. parvula*, Pilsb., 1893. *Conch. syst.*, XV, p. 293, pl. 59, fig. 4-5.

Très petit, subcylindrique court, subarrondi aux deux extrémités; spire déprimée, indiquée par une suture distincte dans le jeune âge; 2 tours, le dernier hautement ovalaire à sa naissance; sommet globuleux; ouverture rétrécie, s'élargissant à la base; labre arqué dépassant légèrement le niveau du sommet; columelle courte, flexueuse, tronquée à la base; test assez solide, brillant, avec des stries décurrentes presque obsolètes; d'un blanc hyalin. — H. 1, 2; D. 0,6 millimètres.

HAB. — Méditerranée : Crête.

PROF. — ?

Cryptaxis crebripunctatus, JEFFREYS.

Cryptaxis crebripunctatus, Jeffr., 1883. *In Proc. Zool. Soc.*, p. 398, pl. 44, fig. 11. — *Cylichna crebripunctata*, Pilsb., 1893. *Conch. syst.*, XV, p. 293, pl. 27, 65, 2-4.

Subovoïde un peu court, tronqué dans le haut, arrondi dans le bas; spire profonde et étroite; 2 tours plus ou moins rapprochés; dernier tour arrondi à sa naissance; ouverture rétrécie, s'élargissant rapidement arrondie à la base; labre largement arqué, dépassant le niveau du sommet; columelle arquée, non épaissie; test fragile, orné de stries décurrentes de lignes finement ponctuées; d'un blanc brillant. — H. 4; D. 2 millimètres.

Hab. — Atlantique : au nord des Hébrides.

Prof. — Vers 1045 mètres.

Genre TORNATINA, A. Adams.

Coquille petite, subcylindrique, à sommet apparent et hétérostrophe, suture canaliculée; ouverture étroite, arrondie à la base; columelle plus ou moins plissée; test mince, hyalin; pas d'opercule.

A. — Groupe du *T. truncatulata*.

Spire non saillante.

Tornatina truncatula, Bruguière.

Bulla truncatula, Brug., 1792. *Encycl. Myth. Vers*, p. 377. — *B. truncata*, Ad., 1798. *In Trans. Lin. Soc.*, V, pl. 1, fig. 1-2 (*non* Gmel.). — *B. retusa*, Mat., Rack., 1804. *Loc. cit.*, VIII, p. 128. — *Volvaria truncata*, Brown., 1827. *Ill. Conch.*, pl. 19, fig. 17-18. — *V. pellucida*, Brown., *Loc. cit.*, pl. 19, fig. 45-46. — *Bullina truncatula*, Macgil., 1844. *Moll. Scoll*, p. 69, 191. — *B. pellucida*, Macg., *Loc. cit.*, p. 334. — *Cylichna truncata*. Lov., 1846. *Moll. Scand.*, p. 142. — *Utriculus truncatulus* Jeffr., 1867. *Brit. conch.*, IV, p. 421, pl. 94, fig. 2. — *T. truncata*, Hid., 1867. *In Journ. conch.*, XV, p. 419. — *Cylichna trunculata*, Petit, 1869. *Cat.*, p. 103. — *Retusa trunculata*, Coll., 1884. — *Limfj. fauna*, p. 41. — *T.*, *truncatula*, D. D. D., 1886. *Moll. Rouss.*, I, p. 527, pl. 64, fig. 12-14. — *T. truncatula*, Carus, 1889. *Prodr. medit.*, II, p. 184. — *Coleophysis truncatula*, Mtr., 1890. *Conch. Palermo*, p. 18.

Subcylindrique un peu court, tronqué et légèrement rétréci dans le haut, arrondi dans le bas; spire légèrement concave; 3 à 4 tours visibles; suture bien marquée; ouverture très étroite sur la demi-hauteur, élargie et arrondie à la base; labre sinueux dépassant le niveau du sommet; columelle épaissie, presque droite, avec un pli accusé; test mince, subpellucide, lactescent, orné de plis longitudinaux sur la demi-hauteur supérieure. — H. 2,5 à 3; D. 1,2 à 1,5 millimètres.

Hab. — Atlantique : depuis le Finmark jusqu'aux îles Madères et Canaries. — Mer du Nord. — Kattegat. — Baltique. — Manche. — Méditerranée : côtes d'Europe, d'Afrique et d'Asie. — Adriatique. — Mer Egée.

Prof. — Entre 0 et 120 mètres.

Tornatina semisulcata, Philippi.

Bulla semisulcata, Phil., 1836. *En. Moll. Sic.*, I, p. 123, pl. 7, fig. 19. — *B. truncata*, Phil., 1844. *Loc. cit.*, II, p. 96. — *Utriculus truncatulus*, Mtr., 1878. *Ib. sin.*, p. 50. *U. semisulcatus*, Mtr., 1884. *Nom.*, p. 142. — *Retusa semisulcata*, B. D D., 1886. *Moll. Rouss.*, I, p. 530, pl. 64, fig. 15-17. — *T. truncatula*, Carus, 1889. *Prodr.*, II, p. 184. — *Colophysis semisulcata*, Mtr., 1890. *Conch. Palermo*, p. 18.

Subcylindrique allongé, tronqué au sommet, contracté dans le milieu, arrondi dans le bas; spire un peu concave; 3 à 4 tours visibles; suture bien marquée; ouverture très étroite, élargie et arrondie dans le bas; labre sinué; columelle épaissie, arquée et tordue; test mince, presque opaque, lactescent, avec une large bande médiane plus transparente, et de nombreux plis longitudinaux dans le haut. — H. 2,5 à 3,5; D. 1,2 à 1,8 millimètres.

Hab. — Méditerranée : France, Italie, Corse, Sardaigne, Sicile, Algérie, Maroc. — Adriatique.

Prof. — Entre 30 et 60 mètres.

Tornatina effusa, de Monterosato.

Coleophysis effusa, Mtr., 1890. *Conch. Palermo*, p. 28 (*descr. summa*).

Subcylindroïde court et trapu, tronqué et légèrement rétréci dans le haut, bien arrondi dans le bas; spire un peu concave; 3 à 4 tours visibles; suture accusée; ouverture rétrécie, s'élargissant et s'arrondissant à la base; labre subsinué, dépassant le niveau du sommet; columelle épaissie, arquée et tordue; test mince, subopaque, lactescent, orné de plis longitudinaux logés à la partie supérieure. — H. 2; D. 1,5 millim.

Hab. — Méditerranée : France, Sicile.

Prof. — Entre 10 et 90 mètres.

Tornatina truncatella, Locard.

Cylichna truncatella, Loc., 1886. *Prodr. franç.*, p. 73 et 535. *Retusa truncatella*, Pilsb., 1893. *Conch. syst.*, XV, p. 206.

Subconoïde allongé, tronqué et bien atténué dans le haut, contracté dans le milieu, arrondi dans le bas; spire concave; 3 à 4 tours visibles; suture bien accusée; ouverture très étroite, élargie et arrondie à la base; labre sinueux dépassant notablement le niveau du sommet; columelle épaisse, arquée, faiblement plissée; test mince, presque opaque, lactescent, avec 2 larges bandes décurrentes plus transparentes, et de nombreux plis accusés dans le haut. — H. 3 à 4 ; D. 1,5 à 2 millimètres.

Hab. — Méditerranée : France.

Prof. — Entre 0 et 30 mètres.

Tornatina striatula, Forbes.

Bulla striatula, Forb., 1843. *Æg. inv.*, p. 188. — *B. conulus*, Weink., 1862. *In Journ. conch.*, X, p. 337. — *Cylichna Hornesi*, Weink., 1866. *Loc. cit.*, XIV, p. 238. — *Utriculus striatulus*, Mtr., 1884. *Nom.*, p. 147. — *Coleophysis striatula*, Mtr., 1890. *Conch. Palermo*, p. 28. — *Retusa striatula*, Pall., 1900. *In Journ. conch.*, XLVIII, p. 246.

Subcylindro-conique étroitement allongé, tronqué dans le haut, arrondi dans le bas ; spire profondément ombiliquée ; 3 à 4 tours ; suture accusée ; ouverture très étroitement allongée, un peu élargie-arrondie à la base ; labre recto-déclive dépassant le niveau du sommet ; columelle épaissie, arquée, fortement plissée ; test assez solide, subhyalin, orné de stries transverses, ondulées, très fines, et de plis accusés logés tout à fait dans le haut. — H. 4,5 à 5,5 ; D. 1,8 à 2,2 millimètres.

Hab. — Méditerranée : Italie, Sicile, Algérie. — Mer Egée.

Prof. — Entre 15 et 80 mètres.

Tornatina obesa, Jeffreys.

Tornatina obesa, Jeffr., *in* Loc., 1897. *Exp. Trav.*, I, p. 73, pl. 2, fig. 15-18.

Subovoïde court, très trapu, tronqué droit et faiblement rétréci dans le haut, arrondi dans le bas ; spire exactement plane ; 3 à 4 tours légèment convexes, anguleux en dessus ; suture très accusée ; ouverture un peu étroite, s'élargissant et s'arrondissant à la base ; labre presque droit, ne dépassant pas le niveau du sommet ; columelle arquée, épaissie ; test mince, subopaque, avec quelques plis dans le haut. — H. 3 ; D. 2,5 mill.

Hab. — Atlantique : péninsule Ibérique ; Maroc.

Prof. — Entre 1110 et 2200 mètres.

Tornatina leptoeneilema, Brusina.

Cylichna leptoeneilema, Brus., 1866. *Contr. Dalm.*, p. 39. — *Utriculus leptoeneilema*, Mtr., 1884, p. 143. — *Tornatina leptoeneilema*, Carus, 1889. *Prodr. med.*, II, p. 186.

Exactement cylindrique, un peu court, tronqué droit au sommet, arrondi dans le bas ; spire souvent un peu saillante ; 3 à 4 tours bien distincts ; suture marquée ; ouverture rétrécie, s'arrondissant et s'élargissant à la base; labre droit, ne dépassant pas le niveau du sommet; columelle subtronquée et subplissée à la base; test mince, blanchâtre, avec des stries longitudinales un peu obliques au dernier tour, formant dans le haut des plis également obliques. — H. 3; D. 1,5 millim.

Hab. — Méditerranée : Smyrne. — Adriatique.

Prof. — Littoral.

Tornatina detruncata, de Monterosato.

Coleophysis detruncata, Mtr., 1900. *Nova sp.*

Exactement cylindrique, un peu allongé, tronqué droit au sommet, arrondi dans le bas; spire plane; 3 à 4 tours distincts, convexes, anguleux; suture accusée; ouverture très étroite, arrondie et élargie à la base; labre très légèrement sinué; columelle épaisse, bien arquée; test mince. blanchâtre, subopaque sur la demi-hauteur supérieure, avec quelques plis longitudinaux dans le haut, transparent dans tout le bas. — H. 3; D. 1, 2 millimètres.

Hab. — Méditerranée : Sicile.

Prof. — ?

Tornatina minutissima, H. Martin.

Utriculus minutissimus, H. Mart., *ap.* Mtr., 1878. *In Journ. conch.*, XXVI, p. 154. — *Coleophysis minutissimus*, Mtr., 1890. *Conch. Palermo*, p. 28. — *Tornatina minutissima*, Loc., Caz., 1900. *Coq. Corse*, p. 26. — *Retusa minutissima*, Pall., 1902. *In Journ. conch.*, p. 6.

Très petit, cylindrique, court et trapu, tronqué dans le haut; légèrement contracté vers le milieu, atténué-arrondi dans le bas; spire légèrement déprimée, avec le sommet rarement un peu saillant; 2 tours distincts; suture profonde; ouverture rétrécie, élargie et subarrondie dans le bas; labre sinué, dépassant le niveau du sommet; columelle un peu arquée, légèrement plissée; test mince, blanchâtre, subdiaphane, avec quelques vides dans le haut des derniers tours. — H. 1 à 1,3; D. 0,5 à 0,8 millimètres.

Hab. — Méditerranée : France, Italie, Corse, Sicile, Maroc, Algérie, Syrie.

Prof. — Entre 20 et 30 mètres.

Tornatina pusillina, Locard.

T. pusillina, Loc., 1897. *Exp. Trav.*, I, p. 75, pl. 2, fig. 29-30.

Ovoïde, troncatulé dans le haut, atténué aux deux extrémités; spire presque ovoïde; 2 à 2 et demi tours; suture marquée; sommet gros et mamelonné; suture subcanaliculée; ouverture un peu étroite, légèrement subarrondie et élargie dans le bas; labre arqué ne dépassant pas le niveau du sommet; columelle arquée, et faiblement épaissie; test mince, fragile, hyalin, subtransparent avec quelques plis dans le haut du dernier tour. — H. 2; D. 0,8 millimètres.

HAB. — Atlantique : golfe de Gascogne et nord d'Espagne.

PROF. — Entre 1020 et 1960 mètres.

B. — Groupe du *T. obtusa*.

Spire saillante.

Tornatina obtusa, MONTAGU.

Bulla obtusa, Mtg., 1803. *Test. Brit.*, I, p. 223, pl. 7, fig. 3. — *Utriculus obtusus*, Brown, 1844. *Ill. conch.*, pl. 19, fig. 5-6. — *Cylichna obtusa*, Forb., Hanl., 1855, *Brit. Moll.*, III, p. 512, pl. 114, C, fig. 1-3. — *Retusa alba*, Jacobs, *teste* Collin, 1884. *Limfj fauna*, p. 43. — *R. obtusa*, Pilsb., 1893. *Conch. syst.*, XV, p. 214, pl. 23, fig. 51. — *Tornatina obtusa*, Chasty, 1790. *In Proc. Irish. Acad.*, 5e sér., V, p. 8.

Subcylindrique un peu court, atténué en haut, contracté au milieu, arrondi à la base; spire saillante, courte; 4 tours légèrement anguleux en dessus; suture profonde et étroitement excavée; ouverture rétrécie, arrondie et dilatée dans le bas; labre subsinué, n'atteignant pas le niveau du dernier tour à sa naissance; columelle arquée, épaissie, vaguement plissée; test solide, opaque, blanchâtre, lisse, avec quelques rides dans le haut du dernier tour. — H. 3 à 5; D. 2,5 à 3,5 millimètres.

HAB. — Atlantique et régions arctiques : depuis le Finmark jusqu'au Portugal; Groenland. — Mer de Kara : Nouvelle-Zemble. — Mer du Nord. — Kattegat. — Baltique. — Sumatra.

PROF. — Entre 5 et 60 mètres.

Tornatina candidula, LOCARD.

Utriculus obtusus, var. Lajoukaircana, (non Bulla Lajoukaircana, Busk), Jeffr., 1867. *Brit. conch.*, IV, p. 424, pl. 94, fig. 4. — *U. Lajoukaircana*, Taslé, 1870. *Malac. Ouest, Suppl.*, p. 39. *Cylichna Lajoukaircana*, Loc., 1886. *Prodr.*, p. 72. — *C. candidula*, Loc., 1892. *Conch. franç.*, p. 28. — *Retusa obtusa, var. candidula*, Pilsb., 1893. *Conch. syst.*, XV, p. 215.

Subcylindrique, un peu étroitement allongé, atténué dans le haut, contracté au milieu, arrondi dans le bas; spire haute, bien saillante; 4 tours anguleux en dessus, étagés ; suture accusée et étroitement excavée ; ouverture étroite, subarrondie et élargie dans le bas ; labre n'atteignant pas le niveau du dernier tour à sa naissance, subsinué ; columelle épaisse, arquée, à peine plissée ; test assez solide, opaque, blanchâtre, lisse, avec quelques plis dans le haut du dernier tour. — H. 4,3 ; D. 1,5 millimètres.

Hab. — Atlantique : Irlande, Grande-Bretagne. — Mer du Nord. — Manche.

Prof. — Entre 5 et 60 mètres.

Tornatina mamillata, Philippi.

Bulla mamillata, Phil., 1836, *In. Mall. Sic.*, I, p. 122, pl. 7, fig. 20. — *Cylichna mamillata*, Forb., Hanl., 1855. *Brit. Moll.*, III, p. 514, C, fig. 4-5. — *Utriculus mamillatus*, Jeffr., 1867. *Brit. Conch.*, IV, p. 240, pl. 93, fig. 1. — *Retusa mamillata*, B. D. D., 1886. *Moll. Rouss.*, I, p. 531, pl. 44, fig. 18-20. — *Tornatina mamillata*, Carns, 1889. *Prodr. med.*, II, p. 186.

Cylindrique, assez étroitement allongé, tronqué dans le haut, contracté dans le milieu, arrondi dans le bas ; spire à peine saillante ; 3 tours, le premier globuleux et dépassant seul le haut du dernier tour ; suture profonde ; ouverture étroite, arrondie et dilatée à la base ; labre flexueux, dépassant le niveau du dernier tour ; columelle arquée, épaissie ; test subpellucide, blanc hyalin, orné de stries décurrentes ponctuées extrafines. — H. 2 à 2,5 ; D. 1,5 à 1,8 millimètres.

Hab. — Atlantique : depuis le Finmark jusqu'aux îles Madère et Canaries. — Mer du Nord. — Kattegat. — Baltique. — Manche. — Méditerranée : côtes d'Europe, d'Afrique et d'Asie. — Adriatique. — Mer Egée.

Prof. — Entre 10 et 120 mètres.

Tornatina turrita, Müller.

Bulla turrita, Müll., 1843. *Ind. Groenl.*, p. 10. — *Utriculus turritus*, Mörch, 1875. *Moll. Groenl.*, n° 23. — *U. pertenuis*, *var. turrita*, G. O. Sars, 1878. *Moll. Norv.*, p. 288, pl. 17, fig. 20. — *Retusa obtusa*, *var. turrita*, Pilsb., 1883. *Conch. syst.*, XV, p. 215, pl. 23, fig. 52.

Subcylindrique allongé, un peu atténué dans le haut, arrondi dans le bas ; spire haute ; 4 tours subanguleux, étagés, assez élevés ; ouverture rétrécie, bien-élargie et arrondie dans le bas ; labre subsinué, n'atteignant pas le niveau du dernier tour à sa naissance ; columelle arquée ; test mince, pellucide, blanchâtre, orné seulement de quelques stries d'accroissement. — H. 3,5 ; D. 1,7 millimètres.

Hab. — Atlantique et régions arctiques : Finmark, Spizberg; Amérique du Nord, Groenland. — Mer de Kara.

Prof. — Entre 30 et 40 mètres.

Tornatina pertenuis, Mighels.

Bulla pertenuis, Migh., 1843. *In Proc. Bost. nat. Soc.*, I, p. 129. — *B. semen*, Reeve, 18. *Voy. Belchev*, p. 363, pl. 32, fig. 4. — *Utriculus semen*, Mörch, *in* Rink, 1877. *Dan. Greenl.*, p. 346. — *U. pertenuis*, G. O. Sars, 1878. *Moll. Norv.*, p. 287, pl. 17, fig. 18. — *Retusa pertenuis*, Pilsb., 1893. *Conch. syst.*, XV, p. 216, pl. 23, fig. 48-49.

Subcylindrique court et trapu, à peine atténué en haut, bien arrondi en bas; spire un peu saillante; 4 tours peu élevés, assez étagés; suture accusée; ouverture rétrécie, arrondie et élargie à la base, labre un peu sinué, n'atteignant pas le niveau du dernier tour à sa naissance; columelle arrondie, non plissée; test mince, pellucide, blanchâtre, brillant, avec quelques stries d'accroissement. — H. 2,5; D. 1,7 millimètres

Hab. — Atlantique et régions arctiques : Finmark, Spizberg; Groenland. — Mer Blanche. — Mer de Kara.

Prof. — Entre 20 et 110 mètres.

Tornatina mirabilis, Locard.

Tornatina mirabilis, Loc., 1897. *Exp. Trav.*, I, p. 72, pl. 2, fig. 20-24.

Subovoïde allongé, atténué aux deux extrémités; spire peu saillante; 1 tour et demi; sommet gros, mamelonné; suture canaliculée; ouverture rétrécie, un peu élargie et arrondie à la base; labre arqué, atteignant le niveau du dernier tour à sa naissance; columelle épaisse, bien arquée; test un peu mince, assez solide; blanc-jaunasse, orné de séries décurrentes de petites vacuoles arrondies. H. 3; D. 1 millimètre.

Hab. — Atlantique : péninsule Ibérique.

Prof. — Vers 2000 mètres.

Tornatina Richardi, Dautzenberg.

Cylichna Richardi, Dtz., 1889. *Contr. Açores*, p. 23, pl. 1, fig. 7.

Ovoïde un peu allongé, subtroncatulé dans le haut, arrondi dans le bas; sommet arrondi mamelonné, peu saillant, en grande partie recouvert par la dernière circonvolution; ouverture rétrécie, s'élargissant progressivement, arrondie dans le bas; labre arqué, dépassant le niveau du dernier à sa naissance; columelle droite, épaissie; test assez solide, luisant, d'un blanc sale, orné de séries irrégulières de petits vacuoles arrondies. — H. 3; D. 1,7 millimètres.

Hab. — Atlantique : depuis la péninsule Ibérique jusqu'aux Açores.

Prof. — Entre 1290 et 3310 mètres (1).

Genre AMPHISPHYRA, Loven.

Coq. subombiliquée, courte, ventrue, assez petite ; ouverture dilatée, arrondie en avant; piriforme; labre tranchant ; columelle mince, réfléchie ; test fragile, diaphane, ambré; pas d'opercule.

A. — Groupe de l'*A. hyalina*.

Spire plane, tours visibles.

Amphisphyra hyalina, Turton.

Bulla hyalina, Turt., 1834. *In Mag. nat. Hist.*, VII, p. 353. — *Diaphana pellucida*, Johnst, 1838. *In Berwick. Alub.*, II, p. 32. — *B. subangulata*, Möll., 1842. *Ind. Groenl.*, p. 6. — *Utriculus minutus*, Brown, 1844. *Ill. conch.*, p. 58, pl. 19, fig. 7-8. — *U. candidus*, Brown, *Loc. cit.*, p. 59, pl. 19, fig. 13-14. — *U. hyalinus*, Brown, *Loc. cit.*, p. 59. — *U. pellucidus*, Brown, *Loc. cit.*, p. 59, pl. 17, fig. 10-11. — ? *B. globosa*, Cantr., 1840. *Malac. medit.*, p. 84 (*non* Sow). — *A. pellucida*, Lov., 1846. *Moll. Scand.*, p. 143. — *Amphisphyra hyalina*, pl. 3, 1848. *Moll. Norv.*, p. 28. — *Diaphana debilis*, Mörch, *in* Rink, 1897. *Dan. Greenl.*, p. 436. — *D. hyalina*, G. O. Sars, 1878. *Moll. Norv.*, p. 289, pl. 18, fig. 1. — *D. minuta*, Pilsb., 1893. *Conch. syst.*, XV, p. 283, pl. 26, fig. 70-71.

Piriforme un peu allongé, notablement plus haut que large, tronqué en haut, arrondi en bas; spire plane; 3 à 4 tours légèrement arrondis; suture profonde ; ouverture rétrécie, puis rapidement élargie-arrondie dans le bas; labre recto-déclive, n'atteignant pas le niveau de l'avant-dernier tour à sa naissance; columelle courte, légèrement flexueuse; test fragile, hyalin, lisse et brillant. — H. 1 à 5; D. 3,5 à 4 millimètres.

Hab. — Atlantique : depuis le Finmark jusqu'aux îles Madère et Canaries, Islande, Spitzberg ; Groenland. — Mer du Nord. — Kattegat. — Baltique. — Mer d'Irlande. — Manche.

Prof. — Entre 0 jusqu'à 325 mètres.

(1) *Species dubia* :

Tornatina Brocchii, Michelotti (*Bulla Brocchii*, Mich. — *B. ovulata*, Broc., Phil. *non* Lamck. — *Cylichna Brocchii*, Weink. — *Atys Brocchii*, Pilsb., 1893. *Conch. syst.*, XV, p. 277, pl. 59, fig. 3; pl. 38, fig. 45. — « *Testa parva cylindrico-oblonga, hyalina, striis subtilissimis transversis (occuli nuov. non conspicuis) exarata; apice obtuso, umbilicata; columella infra obsolete uniplicata.* — H, 7; D. 4 mill. — Hab. Sicile ». (Carus, 1880. *Prodr. medit.*, II, p. 186).

Amphisphyra expansa, JEFFREYS.

Utriculus expansus, Jeffr., 1867. *Brit. Conch.*, IV, p. 426, pl. 94, fig. 6. — *Diaphana expansa*, Mörch, 1875. *Arct. man.*, p. 125. — *Amphisphyra expansa*, Mtr., 1878. *In Sin.*, p. 50. — *A. Cretica*, Mtr., 1890. *Conch. Palermo*, p. 30.

Piriforme globuleux, un peu plus haut que large, subtronqué et rétréci dans le haut, bien arrondi-ventru dans le bas ; spire extrêmement courte ; 3 à 4 tours, l'avant-dernier légèrement saillant ; ouverture très étroite, rapidement élargie-arrondie dans le bas ; labre très arqué, oblique, subsinué, dépassant à peine le niveau de l'avant-dernier tour à sa naissance ; columelle presque droite, un peu courte ; test très mince, lisse, brillant, hyalin. — H. 4 à 6 ; D. 3,7 à 4,7 millimètres.

HAB. — Atlantique : depuis le Finmark et les îles Lofoden jusqu'au golfe de Gascogne ; Islande, Groenland. — Mer du Nord.

PROF. — Entre 60 et 680 mètres.

Amphisphyra cretica, FORBES.

Bulla cretica, Forb., 1843. *Æg. inv.*, p. 188. — *A. hyalina*, (non Turt.), *pars auct.*

Subsphérique globuleux, à peine plus haut que large, troncatulé légèrement dans le haut, très ventru-arrondi latéralement ; spire ne dépassant pas le niveau du dernier tour ; 3 à 4 tours bien convexes ; suture profonde ; ouverture assez étroite, ovalaire, non dilatée dans le bas ; labre largement arqué, n'atteignant pas le niveau de l'avant-dernier tour à sa naissance ; columelle courte, légèrement flexueuse ; test mince, lisse, brillant, hyalin. — B. 3,5 à 4 ; D. 3,2 à 3, 5 millimètres.

HAB. — Méditerranée : Italie, Sardaigne, Egypte. — Mer Egée.

PROF. — Entre 0 et 40 et 325 mètres.

Amphisphyra ventrosa, JEFFREYS.

Amphisphyra ventrosa, Jeffr., 1858. *In Mag. nat. Hist.*, 3e sér., I, p. 47, pl. 2, fig. 6 (non Lov.). — *Utriculus ventrosus*, Jeffr., 1867. *Brit. Conch.*, IV, p. 425, pl. 94, fig. 5. — *Diaphana ventrosa*, Pilsb., 1893. *Conch. syst.*, XV, p. 284, pl. 59, fig. 29 à 31.

Très petit, globuleux, subauriforme, tronqué en haut, arrondi dilaté en bas ; spire presque plane, 3 tours subanguleux ; suture profonde ; ouverture subarrondie, très ample ; labre semi-circulaire, dépassant à peine le niveau du dernier tour à sa naissance, columelle courte, bien arquée ; test mince, presque pellucide, brillant avec quelques stries décurrentes obsolètes. — H. 11 ; D. 25 millimètres.

HAB. — Atlantique, Grande-Bretagne, mer du Nord, Méditerranée, Sicile.

PROF. — Entre 10 et 90 mètres.

Amphisphyra quadrata, DE MONTEROSATO.

Amphisphyra quadrata, Mtg., 1874. *In Journ. Conch.*, XXII, p. 280. — *Diaphana quadrata*, Pilsb., 1893. *Conch. syst.*, XV, p. 203.

Très petit, globuleux transverse, plus large que haut, tronqué et un peu atténué dans le haut, élargi, arrondi dans le bas, 4 tours renflés, anguleux supérieurement ; suture excavée ; ouverture subquadrangulaire très ample ; labre détaché dans le haut, n'atteignant pas le niveau du dernier tour à sa naissance ; columelle courte et arquée ; test très fragile, transparent, lisse et brillant. — H, 1, 5 ; D. 2 millimètres.

HAB. — Atlantique : Islande, — Méditerranée : Sicile.

PROF. — Entre 60 et 80 mètres.

B. — Groupe de l'A. *globosa*.

Spire non visible.

Amphisphyra globosa, LOVÉN.

Amphisphyra globosa, Lov., 1846. *Moll. Scand.*, p. 143. — *Utriculopsis vitua*, M. Sars, 1865, *testr.*, G. O. Sars, 1878. *Mull. Norv.*, p. 290. — *Diaphana globosa*, G. O. Sars, *Loc. cit.*, p. 290, pl. 18, fig. 4 et 3, b. — *Utricula globosa*, Folin, 1881. *In Fonds mer.*, IV, p. 11. — *Utriculus globulosus*, Jeffr., 1869. *Brit. Conch.*, V, p. 223.

Subglobuleux piriforme ; troncatulé en haut, ventru au milieu, allongé, arrondi en bas ; sommet légèrement perforé ; spire difficilement distincte ; ouverture étroite et arquée supérieurement, élargie et subarrondie à la base ; labre recto-déclive, dépassant un peu le niveau des derniers tours à sa naissance, collumelle flexueuse, peu épaisse ; test mince, vitreux, lisse et brillant. — H. 4 ; D. 2 millimètres.

HAB. — Atlantique : depuis le Finmark jusqu'à l'Espagne. — Mer du Nord.

PROF. — Entre 90 et 1110 mètres.

Amphisphyra hiemalis, COUTHOUY.

Bulla hyemalis, Couth., 1839. *In Bost. Journ. nat. Hist.*, II, p. 86, pl. 44, fig. 5. — *Physema hiemalis*, Mörch, 1875. *Arch. Mun.*, p. 125. — *Diaphana hiemalis*, G. O. Sars, 1878. *Moll. Norv.*, p. 291, pl. 18, fig. 3. — *Amphisphyra hiemalis*, Kab., 1888. *Prodr. Eur.*, p. 279.

Ovoïde-globuleux, presque également atténué en haut et en bas ; sommet perforé, laissant difficilement voir la spire; ouverture étroite et arquée dans le haut, subarrondie dans le bas; labre bien marqué, dépassant un peu le niveau du dernier tour à sa naissance; columelle presque droite, épaissie; test mince, vitreux, lisse et brillant. H. 4 : D. 2 millimètres.

HAB. — Atlantique : Depuis le Finmark jusqu'au golfe de Gascogne.— Océan glaciale arctique : Groenland, Amérique septentrionale. — Mer du Nord.

PROF. — Entre 90 et 1830 mètres.

Amphisphyra Loveni, FRIELE.

Amphisphyra hiemalis (non Canth.), *var. Lovehi*, Friele, 1886. *Nordh. Norsk. Exped.*, II, p. 35, pl. 12, fig. 7-8.

Globuleux ventru; sommet perforé laissant voir la spire; ouverture très étroite, un peu élargie-arrondie dans le bas; labre largement arqué, dépassant un peu le niveau du dernier tour à sa naissance; columelle arqué, très mince, vitreux, lisse et brillant. — H. 15. D. 13 millimètres.

HAB. — Atlantique : au nord-est de l'Irlande.

PROF. — Vers 1830 mètres.

Amphispyra densistriata, LÈCHE.

Utriculus densistriatus, Lèche, 1875. *Nov. Semlja*, p. 74, pl. 1, fig. 20. — *Amphisphyra densistriata*, Kub., 1888. *Prodr. Eur.*, p. 280. — *Diaphana densistriata*, Pilsb., 1893. *Conch. syst.*, XV, p. 281, pl. 26, fig. 72 à 74.

Subglobuleux, tronqué dans le haut, un peu étroitement arrondi dans le bas; sommet perforé laissant voir très difficilement la spire; ouverture rétrécie, arrondie et à peine dilatée dans le bas; labre arqué, dépassant le niveau du dernier tour à sa naissance, columelle arquée, sinueuse; test un peu solide, orné de stries décurrentes très fines et très serrées. H. 6; D. 4 millimètres.

HAB. — Atlantique : régions arctiques, Nouvelle Zemble.

PROF. — ?

Genre VOLVULA, A. Adams.

Coquille très petite, cylindroïde-fusiforme, enroulée, faiblement acuminée aux deux extrémités; spire non apparent; labre simple; columelle épaissie; pas d'opercule.

Volvula acuminata, BRUGUIÈRE.

Bulla acuminata, Brug., 1791. *Encycl. méth. Vers*, I, p. 376. — *Cylichna acuminata*, Lov., 1846. *Moll. Scand.*, p. 142. — *Volvula acuminata*, A. Ad., *in* Sow., 1850. *Thes.*, II, p. 596, fig. 125. — *Ovula acuminata*, Forb., Hanl., 1853. *Brit. conch.*, III, p. 501, pl. 114, O, fig. 3. — *Volvulella acuminata*, Chast.; 1890. *In Proc. Irish. acad.*, 5e sér., V, p. 8.

Fusoïde-allongé, très étroitement arrondi dans le bas, pointu au sommet; ouverture très étroite faiblement élargie à la base; labre très largement arqué, un peu réfléchi; columelle épaisse et légèrement arquée; test translucide, hyalin, blanchâtre, lisse et brillant. — H. 2 et 3, D. 1,5 à 1,8 millimètre.

HAB. — Atlantique : depuis la Norvège et l'Irlande jusqu'au golfe de Gascogne. — Mer du Nord. — Kattegat. — Manche. — Méditerranée : côte d'Europe et d'Afrique. — Atlantique. — Mer Egée.

PROF. — Entre 10 et 100 mètres.

ACTÆONIDÆ

Coquille externe pouvant contenir l'animal, enroulée, imperforée; spire conique; ouverture étroite, non plissée, de la hauteur du dernier tour à son extrémité.

Genre ACTÆON, D. de Montfort.

Coquille ovoïde; test épais, crétacé; spire plus haute, tours nombreux; labre tranchant; columelle plissée à la base; opercule corné.

Actæon tornatilis, LINNÉ.

Voluta tornatilis, Lin., 1766. *Syst. nat.*, éd. XII, p. 1187. — *Turbo ovalis*, da Costa, 1778. *Brit. conch.*, p. 101, pl. 8, fig. 2. — *Bulimus tornatilis*, Brug., 1789. *Encycl. méth.*, *Vers*, p. 338. — *V. bifasciata*, Gmel., 1759. *Syst. nat.*, éd. XIII, p. 3136. — *Tornatina fasciata*, Lamck., 1577, *An. s. vert.*, XV, II, p. 220. — *Pedipes tornatilis*, Blainv., 1825. *Man. Malac.*, p. 452, pl. 38, fig. 5. — *Speo tornatilis*, Risso, 1826 *Hist. nat. Eur. mérid.*, IV, p. 236, pl. 8, fig. 109. — *S. bifasciatus*, Risso, *Loc. cit.*, p. 236, pl. 8, fig. 107. — *Tornutella tornatilis*, O. G. Costa, 1829. *Cat. Syst.*, p. 75. — *T. pellucida*, Macgil., 1844. *Moll. North.*, p. 60 et 158. — *Actæon tornatilis*, A. Ad., 1858. *Gen.*, II, p. 4, pl. 56, fig. 1

Ovoïde-allongé; spire conique, peu haute; 7 à 8 tours faiblement convexes; suture étroitement canaliculée; dernier tour égal aux trois quarts de la hauteur totale; ouverture étroite, arrondie et faiblement dilatée dans le bas; labre un peu arqué; columelle courte, arquée avec un fort pli continu à l'intérieur; test solide, un peu luisant, orné de stries décurrentes fines et serrées; d'un gris rosé avec 2 bandes blanches au dernier tour souvent bordées d'une linéole brune.— H. 20 à 25; D. 12 à 14 millimètres.

HAB.— Atlantique depuis les îles Lofoden et l'Islande jusqu'au Maroc. — Mer du Nord. — Kattegat.— Manche,— Méditerranée : côte d'Europe, d'Afrique et d'Asie. — Adriatique. — Mer Égée.

PROF. — Entre 10 et 50 mètres.

Actæon pusillus, FORBES.

Tornatella pusilla, Forb., 1843. *Æg. inv.*, p. 191. — *Actæon pusillus*, Mtr., 1878; *In sin.*, p. 51.

Petit; ovoïde presque régulier, un peu allongé et terminé en haut, arrondi dans le bas; spire obtuse, peu haute; 6 à 7 tours légèrement convexes, le dernier égal aux quatre cinquièmes de la hauteur totale; ouverture semi-lunaire; labre bien arqué; columelle presque droite, tordue, avec un pli sensible et assez profond; test épaissi, subopaque, blanc grisâtre, avec des stries décurrentes, de fines vacuoles arrondies presque jointives. H. 9; D. 5 millimètres.

HAB. — Atlantique : depuis l'Espagne et le Portugal jusqu'au cap Saint-Vincent et aux îles Madère.— Méditerranée : Sicile, mer Egée.

PROF. — Entre 10 et 1960 mètres.

Actæon globulinus, FORBES.

Tornatella globulina, Forb., 1843. *Æg. inv.*, p. 191. — *Actæon globulinus*, Mtr., 1878. *In. sin.*, p. 51.

Petit, subglobuleux, atténué dans le haut; spire courte, 4 à 5 tours assez convexes, le dernier égal à plus des quatre cinquièmes de sa hauteur totale; ouverture semi-lunaire élargie à la base; labre bien arqué; columelle épaissie, arquée, avec un pli assez accusé et profond; test épaissi et blanchâtre, subopaque, orné de nombreuses stries décurrentes ponctuées. — H. 1,5; D. 1 millimètre.

HAB. — Méditerranée : France, Sicile, Algérie. — Mer Egée.

PROF. — Entre 10 et 170 mètres.

Actæon tenellus, LOVÉN.

Actæon tenellus, Lov., 1846. *Moll. Scand.*, p. 143. — *A. tornatilis*, var. *tenella*, Jeffr., 1886. *Brit. conch.*, IV, p. 435.

Petit, ovoïde-allongé; spire peu haute; 4 tours; suture subcanaliculée, le dernier égal aux cinq sixièmes de la hauteur totale ; ouverture étroite, élargie et arrondie dans le bas; labre légèrement arqué; columelle courte, avec un très fort pli interne; test assez mince, semi-transparent, à peine verdâtre, orné de lignes décurrentes rousses dont 2 logées vers la suture et environ 13 autres ponctuées réparties à la base. — H. 3,8. D. 2 millimètres.

HAB. — Atlantique; Norvège, île Shetland.

PROF. — Entre 10 et 180 mètres.

Actæon Monterosatoi, DAUTZENBERG.

Actæon Monterosatoi, Dtz., 1589. *Contr. Açores*, p. 20, pl. 1, fig. 2.

Assez petit, ovoïde-allongé ; spire haute ; 5 tours étagés, un peu convexes, le dernier égal aux trois quarts de la hautenr totale; ouverture étroite, élargie et arrondie en bas; labre faiblement arqué; columelle droite, non plissée; test épais, blanchâtre, subopaque, orné de stries décurrentes de vacuoles arrondies. H. 5,5 ; D. 3 millimètres.

HAB. — Atlantique : depuis le golfe de Gascogne jusqu'aux Açores.

PROF. — Entre 320 et 1960 mètres.

Actæon exilis, JEFFREYS.

Actæon exilis, Jeff., 1870. *In Mag. nat. Hist.*, 4ᵉ sér., VI, p. 35. — Dtz., 1889. *Contr. Açores*, p. 20, pl. 1, fig. 1. — *Lissactæon exilis*, Mtr., 1890. *Conch. Palermo*, p. 28.

Etroitement subcylindroïde, subacuminé en haut, arrondi dans le bas ; 5 tours faiblement convexes, spire haute ; dernier tour plus grand que les deux tiers de sa hauteur totale ; ouverture relativement petite ; labre faiblement arqué ; columelle épaissie, arquée, non plissée ; test assez solide, épais, orné de stries décurrentes, de petites vacuoles subovulaires, indépendantes. — H. 3 à 10; D. 1,2 millimètres.

HAB. — Atlantique : depuis le golfe de Gascogne jusqu'aux Açores; Amérique, depuis le détroit de Davis jusqu'à Campêche. — Méditerranée : France, Sicile, Malte. — Mer Egée.

PROF. — Entre 170 et 3320 mètres.

Actæon nitidulus, VERRILL.

Auriculina insculpta (non Mtg.), Verr., 1880. *In Proc. U. S. nat. Mus.*, III, p. 381. — *Actæon nitidulus*, Verr., 1882. *In Trans. Connect. Acad.*, V, p. 1540, pl. 58, fig. 21. — *Act. Browni*, Jord., 1895. *In Proc. malac. Soc.*, I, p. 267, pl. 6, fig. 7.

Petit, un peu étroitement conoïde, subacuminé dans le haut, arrondi dans le bas; 6 tours faiblement convexes; suture oblique; dernier tour presque égal aux deux tiers de la hauteur totale; ouverture assez haute; labre faiblement arqué; columelle épaissie, presque droite, non plissée; test assez solide, blanchâtre, orné de nombreuses stries décurrentes de petites vacuoles subarrondies, inégalement distinctes. — H. 5; D. 2 mill.

HAB. — Atlantique : Golfe de Gascogne; Nouvelle-Angleterre.

PROF. — Entre 960 et 1710 mètres.

RINGICULIDÆ

Coquille petite, externe, pouvant contenir tout l'animal, enroulée, à spire conique; ouverture étroite, plissée, canaliculée; péristome épaissi; pas d'opercule.

Genre RINGICULA, Deshayes.

Coquille globuleuse; spire courte; ouverture échancrée et sinueuse en avant; columelle arquée et plissée; bord columellaire calleux et tuberculeux; labre épais, canal court, test solide.

Ringicula auriculata, MÉNARD DE LA GROYE.

Marginella auriculata, Mén., 1811. *In Ann. Mus.*, XVII, p. 331. — *Ringicula auriculata*, Phil., 1844. *En Moll. Sic.*, II, p. 198, pl. 28, fig. 13.

Ovoïde renflé; spire courte, accuminée; 4 tours un peu convexes, le dernier arrondi, ventru; ouverture ovalaire avec 3 saillies; labre épais, surtout dans le milieu; non denté; callum renforcé avec une dent saillante; collumelle munie de 2 plis accusés dans le bas; test opaque, blanchâtre, orné de fines stries décurrentes, rapprochées. — H. 5; D. 4 millimètres.

HAB. — Atlantique : péninsule Ibérique. — Méditerranée : Espagne; France, Italie; Corse, Sardaigne, Sicile, Maroc, Algérie, Tunisie, Egypte. — Mer Egée.

PROF. — Entre 25 et 50 mètres.

Ringicula Terquemi, MORLET.

Ringicula Terquemi, Morl., 1880. *In Journ. conch.*, XXVIII, p. 159, pl. 5, fig. 7.

Globuleux; spire courte, obtuse; 4 tours et demi, un peu convexes, le dernier très ventru; ouverture un peu élargie; avec 4 saillies; labre régulièrement épaissi, avec une callosité dentifère; callum faible avec 2 dents saillantes; columelle munie de deux plis accusés; test un peu mince, orné de 3 à 8 stries décurrentes. — H. 3; D. 1,5 millimètre.

Hab. — Méditerranée : Smyrne.

Prof. — Vers 20 mètres.

Ringicula buccinea, Brocchi.

Voluta buccinea, Broc., 1818. *Conch. foss. Sub.*, p. 645, pl. 4, fig. 8. — *Auricula buccinea*, Sow., 1825. *Min. conch.*, V. p. 100, pl. 465, fig. 2. — *Ringicula buccinea*, Desh., *in* Lamck., 1838. *An. s. vert.*, VIII, p 343.

Subovoïde; spire courte, obtuse; 4 tours un peu convexes, le dernier arrondi, ventru dans le bas; ouverture élargie avec saillies; labre arqué, épaissi, non denté; callum solide avec une dent accusée; columelle munie de 2 plis aigus dans le bas; test assez épais, lisse et brillant. — H. 4,8; D. 4 millimètres.

Hab. — Atlantique : golfe de Gascogne, péninsule Ibérique.

Prof. — Entre 20 et 200 mètres.

Ringicula Blanchardi, Dautzenberg.

Ringicula Blanchardi, Dtz., 1896. *In Mem. Soc. Zool.*, IX, p. 405, pl. 5, fig. 10.

Ovoïde-conique; spire assez haute; 5 tours médiocrement convexes, le dernier ventru, arrondi dans le bas; ouverture un peu étroitement ovalaire, avec saillies; labre épaissi, calleux, non denté; callum avec une dent trigone très saillante; columelle munie de 2 plis bien développés; test assez mince, orné de cordons décurrents aplatis plus larges que les sillons qui les séparent. — H. 3,8; D. 2,4 millimètres.

Hab. — Atlantique : depuis le Portugal jusqu'aux Açores.

Prof. — Entre 1160 et 3310 mètres.

Ringicula conformis, de Monterosato.

Ringicula auriculata, var. conformis, Mtr., 1875. *Nuova rev.*, p. 145. — *R. conformis*, Mtr., 1877. *In Journ. conch.*, XXV. pl. 11, fig. 4.

Ovoïde un peu renflé; spire allongée, subacuminée; 4 à 5 tours assez convexes, le dernier arrondi-ventru; ouverture étroite en haut, arrondie en bas, avec 4 saillies; labre épaissi, avec un mamelon saillant dans le milieu; callum avec une dent saillante; columelle munie de 2 plis profonds; test solide, opaque, lisse. — H. 4; D. 3,4 millimètres.

HAB. — Atlantique : golfe de Gascogne, péninsule Ibérique. — Méditerranée : France, Italie, Sicile; Algérie.

PROF. — Entre 8 et 1760 mètres.

Ringicula Leptochila, BRUGNONE.

Ringicula leptochila, Brug., 1874. *Miscel. malac.*, p. 11, fig. 17. — *R. leptochila*, Morl., 1858. *In Journ. conch.*, XXV, p. 131, pl. 5, fig. 17. — *Ringicula leptochila*, Mtr., 1884. *Nom.*, p. 141.

Ovoïde un peu court et renflé; spire plus haute, acuminée, 5 tours convexes, le dernier gros et arrondi; ouverture subovalaire, avec 2 ou 3 saillies; labre légèrement épaissi, non denté; callum peu épais, avec une dent peu saillante; columelle avec 2 plis accusés; test solide, un peu épais, orné de nombreuses stries décurrentes régulières et ponctuées. — H. 5; D. 4 millimètres.

HAB. — Atlantique : golfe de Gascogne, péninsule Ibérique. — Méditerranée : France, Corse, Italie, Sicile, Algérie. — Mer Egée.

PROF. — Entre 150 et 1960 mètres.

HETEROPODA

CARINARIIDÆ

Coquille cupuliforme, symétrique, paucispirée; ouverture entière à bords simples; test mince, fragile, vitrinoïde.

Genre CARINARIA, de Lamarck.

Coquille assez grande, carénée, à sommet arqué, subspirescent, muni d'un nucléus multispiré, hélicoïdal dextrorse; ouverture ovalaire; opercule subtrigone, portant un petit nucléus apical à spire dextre.

Carinaria Mediterranea, Peron et Lesueur.

Carinaria mediterranea, Per., Les., 1810. — *In Ann. Mus.*, XV. pl. 2, fig. 15. *Argonauta vitreus*, Chiaje, 1825. *Mém.*, III, p. 28, pl. 44, fig. 2. — *Pterotrachea lophyra*, Chiaje, *Loc. cit.*, p. 28, pl. 44, fig. 1. — *C. vitrea*, J. Roux, 1862. *Stat. Alpes-Marit.*, p 426. — *C. cymbinus*, Lamck., 1822. *Anim. s. vert.*, VII, p. 674.

En forme de bonnet phrygien un peu surbaissé; sommet enroulé et incurvé, arête apico-basale étroite, saillante, denticulée; ouverture ovalaire, à bord entier et un peu ondulé; test mince, fragile, translucide, vitreux, blanchâtre, avec des costulations décurrentes arrondies, peu saillantes, plus accusées sur la carène. — H. 8 à 22; D. 15 à 40 millimètres.

Hab. — Atlantique : Golfe de Gascogne, Maroc. — Méditerranée : France, Italie, Corse, Sardaigne, Sicile, Algérie. — Mer Egée.

Prof. — Pélagique ; jusqu'à 2100 mètres après la mort.

ATLANTIDÆ

Coquille assez petite, spirale, discoïde, déprimée, multispirée, carénée, mince, un peu fragile; ouverture fermée par un opercule.

Genre ATLANTA, Lesueur.

Coquille nautiliforme aplatie, à carène saillante ; sommet dextre, formant un petit nucléus; ouverture ovalaire, étroite, profondément échancrée en dessous de la carène, à bords tranchants ; opercule à nucléus apical petit et à spire dextre.

Atlanta Peroni, Lesueur.

Atlanta Peroni, Les., 1817. *In Journ. Phys.*, LXXXV, p. 85, pl. 2, fig. 2. — *A. Keraudreni*, (*non* Les.), Andy, Gaym., 1833. *Voy. Astrol.*, p. 399, pl. 18-20. — *A. Costæ*, Piruj., 1840. *In Efem. Sic.*, n° 78, fig. 1.

Subarrondi-discoïde, caréné; spire petite, déprimée; 4 à 5 tours; légèrement comprimée; disjointe, mais reliés par la carène, croissant un peu lentement et régulièrement, reliés entre eux par une carène étroite et mince; ouverture étroite, ovalaire, entière dans le bas, profondément fendue dans le haut ; test mince, fragile, transparent, vitriniforme, lisse. — D. 7; E. 1 millimètre.

Hab. — Atlantique : depuis la péninsule ibérique jusqu'aux Açores.

— Méditerranée : France, Italie, Sicile, Grèce, Tunisie. — Adriatique. — Mer Egée.

Prof. — Pélagique; jusqu'à 3310 mètres après la mort.

Atlanta Lesueuri, Eydoux et Souleyet.

Atlanta Lesueuri, Lyd., Soul., 1852. *Voy. Boniti*, p. 380, pl. 20, fig. 1-8 *(non* d'Orb.). — *A. Mediterranea*, O. G. Costa, *teste* Mtr., 1880. *In Bull. malac. Ital.*, VI, p. 79.

Ovalaire discoïde, largement caréné; spire petite, déprimée ; 4 tours légèrement convexes, faiblement disjoints, reliés par la carène, croissance rapide, le dernier très grand, muni d'une carène s'élargissant encore plus rapidement; ouverture ovalaire acuminée, faiblement fendue dans le haut; péristome un peu réfléchi, arrondi-arqué latéralement; test très fragile, pellucide, vitreux. — D. 5; H. 0,8 millimètre.

Hab. — Méditerranée : Italie, Sicile.

Prof. — Pélagique.

Atlanta Quoyana, Eydoux et Souleyet.

Atlanta Quoyana, Eyd., Soul., 1852. *Voy. Boniti*, II, p. 369, pl. 20, fig. 16 à 22.

Ovalaire discoïde, faiblement caréné; spire très petite, conique, à peine saillante; 5 tours légèrement déprimés, non disjoints ; croissance extrêmement rapide, le dernier muni d'une carène médiocre, s'étendant sur sa demi-longueur; ouverture ovalaire-acuminée, légèrement fendue dans le haut; péristome faiblement réfléhi, à peine arrondi-arqué latéralement; test très mince, pellucide, vitreux. — D. 2,5; L. 0,5 millimètre.

Hab. — Méditerranée : Ischia. — Mer Egée. — Adriatique.

Prof. — Pélagique ; vers 3300 mètres après la mort.

Atlanta Rosea, Eydoux et Souleyet.

Atlanta rosea, Lyd., Soul., 1852. *Voy. Boniti*, II, p. 377, pl. 19, fig. 16-20.

Discoïde arrondi, légèrement caréné ; spire déprimée, presque plane; 6 tours convexes-déprimés, non disjoints, à croissance lente et régulière, le dernier muni d'une carène peu étendue, s'étendant sur le demi tour ; ouverture ovalaire aiguë, atténuée et profondément fendue dans le haut ; péristome mince, tranchant; test très mince, très fragile, petit, lucide, vitreux, à peine rosacé. — D. 3,5; E. 0,5 millimètre.

Hab. — Méditerranée : Italie, Sicile, Tunisie. — Mer Egée.

Prof. — Pélagique; jusqu'à 570 mètres après la mort.

Atlanta Fusca, Eydoux et Souleyet.

Atlanta fusca, Eyd., Soul., 1853. *Voy. Boniti*, II, p. 389, pl. 21, fig. 15-24.

Discoïde arrondi, légèrement caréné; spire très petite, conique, très saillante; 5 à 6 tours un peu convexes, faiblement disjoints, reliés par la carène, à croissance rapide, le dernier muni d'une petite carène, s'étendant sur tout le tour; ouverture ovalaire subaiguë, légèrement échancrée dans le haut; péristome mince, aigu; test très fragile, pellucide, jaune clair ou rosé. D. 2,5; E. 0,3 millimètre.

Hab. — Méditerranée : Italie, Sicile. — Mer Egée.

Prof. — Pélagique; jusqu'à 2300 mètres après la mort.

Atlanta Stéinachneri, Oberwimmer.

Atlanta Steinachneri, Oberwimmer, 1898. *Heterop. Pterop. Pala*, p. 15, fig. 1-2.

Discoïde arrondi, légèrement caréné; spire bien déroulée, le dernier tour détaché à son extrémité sur près de sa demi-longeur, 5 tours très convexes, à croissance très rapide, reliés par la carène, le dernier muni d'une carène étroite; ouverture largement ovalaire, très étroitement, mais assez profondément échancrée dans le haut; péristome mince, tranchant, évasé du côté opposé à l'échancrure; test très fragile, pellucide, vitreux. — D. 2,8 à 3,5; E, 0,5 millimètre.

Hab. — Mer Egée. — Adriatique.

Prof. — Pélagique; jusqu'à 380 mètres, après la mort.

Genre OXYGYRUS, Bensor.

Coquille nautiloïde, étroitement ombiliquée en dessus et en dessous, à nucléus non visible; dos caréné seulement à l'extrémité du dernier tour; ouverture dilatée cordiforme, non-fissurée; test mince, fragile, opercule triangulaire, large, vitreux, sans nucléus apical.

Oxygyrus Keraudreni, Lesueur.

Atlanta Keraudreni, Les., 1817. *In Journ. Phys.*, LXXXV, p. 85. — *Ladas Keraudreni*, Cantr., 1840. *Malac. Medit.*, p. 38, pl. 1, fig. 2. — *A. Bivonæ*, Piraj., 1840. *In Efem. sc. Sicil.*, n° 78, fig. 2. — ? *Belerophina minuta*, Forb., 1843. *Æg. inv.*, p. 132. — *Oxygyrus Keraudreni*, Mac. Andr., 1853, Rip., pp.

Discoïde arrondi, un peu renflé; 2 à 3 tours, le dernier seul visible, arrondi, à croissance rapide, muni d'une petite carène logée sur sa dernière moitié; ouverture subcordiforme, beaucoup plus large en bas qu'en haut; test corné, extrêmement fragile, flavescent. — D. 6; E. 3 millimètres.

HAB. — Atlantique : depuis le Sud de l'Espagne jusqu'aux Canaries. — Méditerranée : France, Italie, Corse, Sicile, Maroc, Algérie. — Mer Egée. — Adriatique.

PROF. — Pélagique; jusqu'à 2420 mètres après la mort.

TABLE ALPHABÉTIQUE

NOTA. — Les caractères *italiques* indiquent les noms des espèces admises dans ce mémoire; les caractères ordinaires sont réservés aux synonymes.

FIN DE LA TABLE ALPHABÉTIQUE

Lyon. — Imprimerie A. Rey, 4, rue Gentil. — 38007-3

www.ingramcontent.com/pod-product-compliance
Ingram Content Group UK Ltd.
Pitfield, Milton Keynes, MK11 3LW, UK
UKHW020427230726
13925UKWH00004B/1637

9 782014 449679